HEILKRÄUTER

HEILKRÄUTER

Jenny Linford

Parragon

Bath • New York • Singapore • Hong Kong • Cologne • Delhi • Melbourne

Text: Jenny Linford

Parragon Books Ltd
Queen Street House
4 Queen Street
Bath BA1 1HE, UK

Übersetzung: Sabine Schiffner, Köln;
Gundula Müller-Wallraf, München
Redaktion und Satz:
Gundula Müller-Wallraf, München
Koordination:
trans texas publishing, Köln

ISBN 978-1-4075-6973-4
Printed in China

Kräuter sind natürliche medizinisch wirksame Substanzen. Sie sollten stets mit größter Sorgfalt und Vorsicht verwendet werden. Dieses Buch möchte Informationen liefern, es darf nicht als medizinisches Handbuch missverstanden werden. Wenn Sie medizinische Behandlung benötigen, sollten Sie unbedingt einen Arzt aufsuchen, bevor Sie zu pflanzlichen Heilmitteln greifen. Außerdem sollte die Anwendung von Naturarzneien über einen längeren Zeitraum nur unter Aufsicht eines Naturheilpraktikers vorgenommen werden. Jegliche Verwendung der in diesem Buch beschriebenen Pflanzen geschieht auf eigene Gefahr des Lesers.

INHALT

Einführung

Was sind Kräuter?

Zu allen Zeiten hat sich der Mensch Pflanzen zunutze gemacht: hauptsächlich als Nahrung und zum Schutz, aber auch für eine ganze Reihe anderer Zwecke, z. B. als Arznei, als Duftstoff oder zur Körperpflege. Die Pflanzen, die wir als „Kräuter" bezeichnen, haben eine besonders lange Tradition als Nutzpflanzen. Wenn man sich nun fragt, was genau Kräuter eigentlich ausmacht, wird schnell klar, wie weit eine zutreffende Definition gefasst werden muss. In der Botanik bezeichnet der Begriff zunächst einmal Pflanzen, deren Stamm nicht verholzt. Im täglichen Sprachgebrauch hat das Wort „Kraut" jedoch eine sehr viel weiter reichende Bedeutung. Einem begeisterten Koch fallen dabei als Erstes jene aromatischen Pflanzen ein, die einem Gericht seinen besonderen Geschmack verleihen, etwa Lorbeer, Basilikum oder Thymian. Andere Menschen denken wahrscheinlich vor allem an Heilpflanzen wie den Roten Sonnenhut oder die Echte Aloe. Die Menschheit war schon immer sehr einfallsreich in Bezug auf Kräuter, und so sind die Verwendungszwecke vielseitig: als Insektenschutzmittel, auf dem Fußboden oder in der Wäsche verteilt als Duftspender, für die Herstellung von Kosmetik und Parfüm, zum Waschen, als Konservierungsmittel oder gar zum Einbalsamieren. Deshalb wird der Begriff „Kräuter" in diesem Buch sehr weit gefasst: Als Kräuter werden hier ganz allgemein all jene traditionellen Nutzpflanzen verstanden, die zum Würzen oder Essen, als Heilmittel, für die Parfüm- und Kosmetikherstellung oder Ähnliches verwendet werden. Viele Kräuter dienten zu verschiedenen Zeiten ganz unterschiedlichen Zwecken. Der Thymian etwa, den wir heute vor allem als Küchenkraut kennen, wurde im Alten Ägypten zum Einbalsamieren der Toten benutzt. Der Salbei, heute eher ein Gewürz, stand früher in dem Ruf, vor Schlangenbissen zu schützen. Außerdem fand er Verwendung als Bleichmittel für die Zähne.

Es gibt Kräuter in allen Größen und Formen: niedrig wachsende wie Thymian und Oregano, mittelgroße Sträucher wie Zaubernuss, Wermut oder Buchs, Rankgewächse wie das Geißblatt und große Bäume wie den Lorbeer oder

Oben: Der Blutweiderich wächst in Europa, Asien und Nordafrika und wird als Heilpflanze genutzt.
Unten: Der Lavendel zeichnet sich nicht nur durch seinen intensiven Duft, sondern auch durch seine Heilwirkung aus.

den Currybaum. Sämtliche Pflanzenteile sind brauchbar. Am häufigsten werden die Blätter verwendet, als Gewürz, Salat oder zu Kräutertees aufgegossen. Auch die Stängel finden zuweilen Verwendung. Ein Beispiel hierfür ist das Zitronengras, das vor allem in der asiatischen Küche zum Einsatz kommt. Die Blüten, die man nicht nur ihres Duftes wegen schätzt, sind am wirkstoffreichsten, wenn sie sich zum ersten Mal öffnen, und werden am besten bei trockenem Wetter geerntet. Sie sind vielseitig verwendbar: zur Zubereitung von Tees und anderen Getränken, aber vor allem auch im kosmetischen Bereich. Gebräuchlich sind beispielsweise Holunder, Kamille und Lavendel. Die Samen eignen sich unter anderem zum Würzen (Kümmel, Mohn und Bockshornklee), als Heilmittel (Fenchel) und zur Herstellung von Ölen (Färberdistel). Auch die Beeren mancher Kräuter werden verarbeitet, wie die des Wacholders, die dem *Gin* seinen charakteristischen Geschmack verleihen, oder die Holunderbeere, aus der Wein gemacht wird. Wurzeln, Wurzelknollen und Zwiebeln dienen vielen Zwecken. Die Zwiebeln des Knoblauchs z. B. werden überall auf der Welt ebenso für ihre gesundheitsfördernde Wirkung wie für ihr Aroma geschätzt. Die Wurzel des Meerrettichs ist wegen ihres pikanten Geschmacks in vielen europäischen Regionen ein häufig verwendetes Gewürz.

Von alters her haben die verschiedenen Kulturen überall auf der Welt Gebrauch von den Pflanzen ihres Lebensraums gemacht. Dabei war das

Oben: Viele Kräuter werden wegen ihres reizvollen Laubwerks und ihrer hübschen Blüten auch als Zierpflanzen gezüchtet, beliebte Küchenkräuter wie Basilikum, Thymian und Minze werden im großen Stil kommerziell angebaut, um preiswert im Supermarkt angeboten werden zu können.

überlieferte Wissen um die Verwendungsmöglichkeiten, aber auch um die Gefahren, die von diesen wunderbaren Pflanzen ausgingen, hilfreich, ja mitunter sogar lebensrettend. Schon immer sammelten die Menschen wild wachsende Kräuter. Heute sind viele der früher weitverbreiteten Wildkräuter bedroht, darunter die Schlüsselblume und die Küchenschelle. Wenn man also in freier Natur Kräuter sammelt, sollte man immer nur wenige Blätter, Blüten oder Früchte abschneiden. So stellt man sicher, dass die Pflanze nicht zerstört wird und sich weiterhin vermehren kann.

Die Kräuter in diesem Buch sind alphabetisch nach ihren botanischen Namen angeordnet, um Verwandtschaften aufzuzeigen und Verwechslungen vorzubeugen. Die heute gebräuchlichen wissenschaftlichen Bezeichnungen bestehen grundsätzlich aus zwei Teilen, ein System, das auf den schwedischen Biologen Carl von Linné zurückgeht. Jede Pflanze erhält zwei lateinische Namen: Der erste ist der Name der Gattung (eine Gruppe verwandter Arten) und der zweite der der Art (Pflanzen, die sich untereinander vermehren können). Eine Pflanzenfamilie kann eine einzelne oder mehrere verwandte Gattungen umfassen. Alle Minzen gehören z. B. zur Pflanzenfamilie der Lamiaceae. Hybride, meist künstlich herbeigeführte Kreuzungen zweier Arten, werden mit dem Symbol „x“ markiert.

Kräutergärten

Das Anlegen von Kräutergärten hat eine lange Tradition. Schon die alten Ägypter bauten die vielen Kräuter, die sie für ihre religiösen Rituale und Waschungen benötigten, gezielt an. In islamischen Kulturen, in denen man sich das Paradies als einen wunderschönen, umschlossenen Garten vorstellte, kultivierte man Nutzpflanzen innerhalb hoher Mauern. Und zu jeder römischen Villa gehörten auch Obst-, Blumen-, Wein- und Kräutergärten.

Im Europa des Mittelalters waren es vor allem die Klöster, in denen das Wissen über Anbau und Verwendung von Kräutern bewahrt und gepflegt wurde. Als der heilige Benedikt 530 n. Chr. im italienischen Monte Cassino den einflussreichen Benediktinerorden gründete, legte er die bis heute streng befolgten Regeln seiner Ordensgemeinschaft schriftlich nieder. Eine davon besagte, dass alles für die Mönche Lebensnotwendige innerhalb der Klostermauern zur Verfügung stehen solle. So gewann der Klostergarten seine große Bedeutung.

Im 16. Jahrhundert entstanden die ersten Apothekergärten – Gärten, die ganz der Züchtung von Heilpflanzen gewidmet waren. Viele Universitäten richteten

Kräutergärten zu Lehrzwecken ein. Die ersten dieser Arzneigärten, heute auch als „botanische Gärten“ bezeichnet, entstanden in Italien, in Pisa (1543), Padua (1545) und Florenz (1550), und dienten dem Unterricht in Arzneimittelkunde. Auf deutschem Boden wurden die ersten Gärten dieser Art in Leipzig (1580), Jena (1586) und Heidelberg (1593) angelegt. 1673 gründete die englische Apothekervereinigung den berühmten Chelsea Physic Garden in London, um den beruflichen

Oben und links: Traditionelle Kräutergärten folgen meist einer gewissen Ordnung, oft werden geometrisch angelegte Beete von Hecken und Wegen begrenzt.

Nachwuchs in Kenntnis und Verwendung von Heilpflanzen zu schulen. Der Siegeszug des Kräutergartens setzte sich auch jenseits der Grenzen Europas fort. Japans ältester botanischer Garten, der Koishikawa-Garten in Tokio, wurde 1684 von Tokugawa Shogunate als medizinischer Kräutergarten angelegt.

Aber nicht nur wissenschaftliche Nutz-, sondern auch Ziergärten erlebten im 16. Jahrhundert eine Blütezeit. In England kam der sogenannte Knotengarten in Mode. Besonderes Merkmal dieser Gartenform sind in streng geometrischen Mustern angelegte, mit niedrigen immergrünen Hecken eingefasste Blumenbeete. Wegen ihres Duftes wurden in Knotengärten häufig auch besonders aromatische Kräuter gepflanzt. Die Begeisterung für formale Gärten nahm im Europa des 17. und 18. Jahrhunderts sogar noch zu, wie die herrlichen Landschaftsparks des Adels bis heute belegen. Jeder große Landsitz hatte auch einen genau geplanten Kräutergarten, in dem, gerahmt von akkurat beschnittenen Hecken, zur Zierde, aber auch wegen ihres praktischen Nutzens, Kräuter angepflanzt wurden. In den Bauerngärten der bescheideneren Behausungen wurden Küchen- und Heilkräuter kultiviert. Ein beliebtes Element der Gartengestaltung war auch die Kräuterwiese, bestehend aus niedrig wachsenden, wohlriechenden Kräutern wie Kamille oder Thymian. Heutzutage ist in Sachen Kräuter erlaubt, was gefällt – vom Blumenkasten mit Petersilie, Minze oder Schnittlauch bis hin zum liebevoll angelegten traditionellen Kräutergarten.

Kräuter in Volksgut, Legende und Aberglaube

Seit Urzeiten macht sich der Mensch die Wirkung verschiedener Kräuter zunutze. Deshalb überrascht es nicht, dass viele dieser geheimnisvollen Pflanzen Eingang in das Volksgut der verschiedenen Kulturen fanden, und sich zahlreiche Sagen und Legenden um sie ranken. Die Druiden nutzten Schafgarbenstängel ebenso zu ihren Prophezeiungsritualen wie die Wahrsager im Alten China. Der lateinische Name der Schafgarbe, *Achillea millefolium*, verweist auf den griechischen Helden Achilles, der die Pflanze im Trojanischen Krieg verwendet haben soll, um die Wunden seiner Soldaten zu behandeln. Die Angelsachsen kurierten mit Ziest die geheimnisvolle „Elfenkrankheit" und pflanzten das Kraut zum Schutz vor bösem Zauber auf Kirch- und Friedhöfen. Der Beifuß galt als Hexenkraut und wurde für Fruchtbarkeitsrituale gebraucht, die Zweige der Zaubernuss wurden als Wünschelruten genutzt, und die Königskerze sollte böse Geister vertreiben.

In der christlichen Mythologie spielte z. B. die Engelwurz eine bedeutende Rolle. Für die Ärzte der Renaissance bestand eine direkte Verbindung dieser Wurzel zu den Engeln. Deshalb sollte sie vor Hexerei schützen. Der Legende nach wuchs nach der Auferstehung Basilikum am Grab Christi, es galt daher als Liebeskraut. Eine andere Legende schreibt Farbe und Duft der Blüten des Rosmarins dem Umstand zu, dass die Jungfrau Maria einst ihren blauen Mantel über eine solche Pflanze warf, worauf die vormals weißen Blüten die Farbe des Umhangs annahmen.

Unten: Wegen ihrer hübschen Blüten werden viele Thymianarten von Gärtnern eher als Bodendecker denn als Küchenkraut verwendet.
Gegenüber: In der christlichen Mythologie wird das Basilikum als Kraut der Liebe betrachtet.

Kräuterkunde

Die Kräuterkunde, das Wissen um die Eigenschaften und Gefahren dieser besonderen Pflanzen, wird sowohl mündlich als auch schriftlich seit Jahrhunderten, wenn nicht seit Jahrtausenden überliefert. Zu den Kulturen mit einer sehr langen Tradition der Pflanzenheilkunde gehören die Chinesen sowie die Inder mit ihrer ayurvedischen Medizin. Bereits in der Zeit der Han-Dynastie (206–220 v. Chr.) soll der chinesische Kaiser Shennong ein umfassendes Werk zur Arzneipflanzenkunde verfasst haben: das sogenannte *Shen nong ben jao jing*. Noch älter ist der ägyptische *Papyrus Ebers* (ca. 1500 v. Chr.), eines der ältesten erhaltenen medizinischen Dokumente der Welt, der die Anwendungsgebiete und Wirkungsweisen verschiedener Kräuter, darunter des Wermuts, beschreibt. Auch im Europa der Antike beschäftigten sich Gelehrte mit dem Thema. So verfasste etwa der griechische Philosoph Theophrast um 300 v. Chr. die beiden botanischen Abhandlungen *Historia Plantarum* (*Die Naturgeschichte der Gewächse*) und *De Causis Plantarum* (*Über die Ursache des Pflanzenwuchses*), Standardwerke der Pflanzenkunde. Im Jahre 77 n. Chr. schrieb Plinius der Ältere, ein römischer Naturforscher, seine *Naturalis Historia* (*Naturgeschichte*), in der er auch auf die Heilpflanzenkunde einging. Und im Jahr 100 n. Chr. entstand die *Materia Medica* des griechischen Arztes Dioskurides, ein pharmakologisches Buch, das über 950 Arzneimittel, darunter gut 600 pflanzliche, ausführlich darstellt. Jeder Eintrag umfasst eine Zeichnung und die genaue Beschreibung der Pflanze, die Darstellung ihrer Wirkung, Anweisungen zum Gebrauch sowie Hinweise auf Nebenwirkungen. Dieses umfangreiche Arzneimittellexikon galt bis ins 17. Jahrhundert als wichtiges Standardwerk.

Bis ins 15. Jahrhundert hinein waren die Kräuterbücher – wie alle anderen Bücher auch – handschriftliche Dokumente in lateinischer Sprache. Deshalb konnten nur wenige Menschen sie überhaupt lesen. Die Erfindung des Buchdrucks (um 1440) und die zunehmende Verwendung der Muttersprache zum Verfassen von Büchern führte zur Entstehung zahlreicher neuer Kräuterbücher. Das erste in deutscher

Sprache verfasste der Frankfurter Arzt Johann Wonnecke von Kaub, es erschien bereits 1484 unter dem Titel *Gart der Gesuntheit*. 1570 schrieb der Schweizer Arzt Paracelsus ein Kräuterbuch, in dem er seine Signaturenlehre erläuterte. Diese ging davon aus, dass das äußere Erscheinungsbild von Heilpflanzen bereits einen Hinweis auf die möglichen Anwendungsgebiete gebe. Jahrhundertelang wirkte diese Lehre in der europäischen Kräuterkunde fort. Das erste Buch über die Kräuter der „Neuen Welt" Amerika verfasste 1569 der spanische Arzt und Botaniker Nicolas Monardes. Im späten 16. Jahrhundert entstand eines der ersten Kräuterbücher in englischer Sprache, *The Herball, or Generall Historie of Plants* des Kräuterkundlers und Gärtners John Gerard, das bis heute verwendet wird. Im Jahr 1652 schrieb der Astrologe und Kräuterkenner Nicholas Culpeper das Buch *The English Physician*. Dieses Buch, in dem er Paracelsus' Lehre von den Signaturen mit astrologischen Theorien verband, wurde zu einem der erfolgreichsten Kräuterbücher aller Zeiten.

Küchenkräuter

Die Tradition der Verwendung von Kräutern zum Würzen von Speisen ist wahrscheinlich so alt wie die Menschheit selbst. Einige Kräuter sind auf der ganzen Welt gleichermaßen beliebt. Der intensiv schmeckende und riechende Knoblauch z. B. ist in der chinesischen, indischen und arabischen Küche genauso zu Hause wie in

Gegenüber: Die Kamille gehört zu den bekanntesten Heilpflanzen Europas.
Oben: Die Illustration einer Ringelblume aus einer Handschrift der Materia Medica *des Dioskurides.*

der europäischen. Andere Kräuter sind typisch für ganz bestimmte Landesküchen. Die indische Küche ist vor allem bekannt für ihre geschmacksintensiven getrockneten Gewürze, aber auch frische Kräuter finden hier Verwendung. Frischer Koriander beispielsweise wird mit grünen Chilischoten und Zitronensaft zu einem pikanten Chutney verarbeitet. In der nordindischen Küche wird viel frische Minze zur Zubereitung von Chutneys und traditionellen Pilawgerichten verwendet. Der Klassiker unter den Gewürzen der südindischen Küche ist das Blatt des Currybaums, das Currygerichten, Chutneys und eingelegtem Gemüse ihre spezielle Schärfe verleiht. Frisch wird es jedoch nur mitgekocht, später aber nicht mitgegessen.

Auch in der europäischen Küche gibt es länderübergreifend geschätzte Kräuter und solche, die nur regional verarbeitet werden. Das aromatisch süßliche Basilikum z. B. ist aus der traditionellen italienischen Küche nicht wegzudenken. Es ist unter anderem einer der Hauptbestandteile der weltberühmten Genoveser Nudelsoße *Pesto* aus frischem Basilikum, Pinienkernen, Knoblauch, Olivenöl und geriebenem Parmesankäse. Der Dill ist ursprünglich in der skandinavischen Küche zu Hause und wird vor allem bei der Zubereitung von Fischgerichten verwendet. Ein Beispiel hierfür ist der berühmte schwedische *Graved Lachs* (Lachs, mariniert mit Steinsalz, Dill, Zitrone, Zucker und Pfeffer). Lorbeerblätter kommen fast überall in Europa und Nordamerika zum Einsatz. Sie würzen z. B. kräftige Eintöpfe, Soßen und Marinaden. Auch der Rosmarin wird in ganz Europa geschätzt, passt er doch so hervorragend zu Lamm- und Hammelfleisch. In der traditionellen

französischen Küche wird gern mit ganz bestimmten Kombinationen von Kräutern gearbeitet. Die sogenannten *fines herbes* („feine Kräuter") sind Petersilie, Kerbel, Estragon und Schnittlauch, die berühmten *herbes de Provence* („Kräuter der Provence") Thymian, Rosmarin, Lorbeer, Basilikum und Salbei, und ein *bouquet garni* besteht gewöhnlich aus Petersilie, Thymian und Lorbeer. Die beliebtesten Küchenkräuter Deutschlands sind Petersilie, Schnittlauch und Dill. Über ihre

Heimat hinaus erfreut sich die sogenannte *Frankfurter Grüne Soße* großer Beliebtheit. Sie besteht aus fein gehackten Kräutern (meist Borretsch, Kerbel, Petersilie, Estragon, Majoran und Sauerampfer) und wird, mit hart gekochtem Eigelb und saurer Sahne vermengt, zu Fleisch oder Kartoffeln serviert.

Oben: Die Apfelminze, wie die Grüne Minze und Pfefferminze Mitglied der großen Familie der Minzen.
Unten: Der Knoblauch ist als Gewürz fast auf der ganzen Welt gebräuchlich.
Gegenüber: Die Petersilie gehört zu den traditionellen französischen fines herbes.

Das in China am häufigsten verwendete Küchengewürz ist wohl der Knoblauch. Sein kräftiges Aroma prägt schnell zubereitete Wok- ebenso wie langsam garende Schmorgerichte. Frischer Koriander würzt vor allem Suppen. Der geschmacklich intensive Schnittknoblauch wird eher als Gemüse denn als Gewürz verwendet.

In den Länderküchen des Nahen Ostens spielt die Blattpetersilie eine wichtige Rolle. Sie bestimmt z. B. den libanesischen *Tabbouleh*, einen erfrischenden Salat aus fein geschnittener Blattpetersilie, Bulgur und Tomaten.

In der Küche Südostasiens ist das Zitronengras eine wichtige Zutat. Glänzende grüne Kaffirlimettenblätter werden im Ganzen mitgekocht und verleihen Gerichten wie *Tom Yam Gung*, einer scharf-sauren thailändischen Garnelensuppe, einen fruchtig-säuerlichen Geschmack. Frischer Koriander ist ein Standardgewürz der Thai-Küche. Auch die Korianderwurzel, mit Knoblauch und Pfeffer zu einer würzigen Paste verarbeitet, findet hier pikante Verwendung.

Kräuter eignen sich auch hervorragend zur Herstellung von Süßigkeiten. Die Minze mit ihrem kühlen, erfrischenden Geschmack ist hier ein besonders gutes Beispiel. Lakritzbonbons beziehen ihr spezielles Aroma von den Wurzeln des Süßholzes (*Glycyrrhiza glabra*) und sind auf der ganzen Welt bekannt. Holländer, Skandinavier und Norddeutsche bevorzugen salzige Lakritze, Amerikaner, Australier und Briten eine süßere Variante. Auch Anissamen werden bei der Herstellung von Süßigkeiten häufig verwendet. Die Inder essen mit Zucker ummantelte Fenchelsamen zum Nachtisch, und in Nordamerika sind mit dem Öl des Wintergrüns aromatisierte Leckereien besonders beliebt.

Kräutergetränke

Aber nicht nur raffiniert gewürzte Speisen, sondern auch ebenso leckere wie wohltuende Getränke lassen sich aus Kräutern zubereiten. Die Klassiker unter den Kräutergetränken sind natürlich Kräutertees aus frischen oder getrockneten Blättern und Blüten. Pfefferminz-, Hagebutten- oder Kamillentees schmecken nicht nur, sondern können auch Beschwerden lindern. Auf dem Land wurden früher Kräuterweine und -biere hergestellt. Das war eine gute Methode, um die wertvollen Inhaltsstoffe der Blumen und Pflanzen der Region zu konservieren. Die verschiedensten Pflanzen wurden so verarbeitet, darunter Brennnesseln, Mädesüß,

Schlüsselblumen, Löwenzahn und Primeln. Weine aus Frühlingsblumen reiften dann über das Jahr und wurden traditionell zur Weihnachtszeit getrunken. Auch Sirups waren und sind eine gängige Methode zur Verarbeitung von Kräutern. Holunderblütensirup etwa konnte in den letzten Jahren ein regelrechtes Comeback feiern. In Deutschland verwendet man frischen Waldmeister, um die traditionelle Maibowle zum Maifeiertag herzustellen. Der Gin, ursprünglich eine niederländische Spezialität, verdankt seinen charakteristischen Geschmack der Wacholderbeere. Überhaupt werden bei der Schnapsherstellung die verschiedensten Kräuter verwendet. Der Geschmack des berühmten französischen Kräuterlikörs *Chartreuse* wird z. B. unter anderem durch die Samen von Engelwurz und Ysop bestimmt. Besonders gut eignen sich bittere Kräuter für diesen Zweck. Eine der wichtigen Zutaten des berüchtigten *Absinths*, eines Modegetränks Ende des 19. und Anfang des 20. Jahrhunderts, ist beispielsweise der extrem bittere Wermut.

Pflanzenheilkunde

Seit Jahrhunderten werden Kräuter überall auf der Welt auch zu medizinischen Zwecken verwendet. Die vielen Kräuter, die überall wild wuchsen, hatten für diejenigen, die sie zu nutzen wussten, einen unschätzbaren Wert als kostenlose Arznei.

Oben: Viele Menschen genießen Kräutertees als gesunde Alternative zum Schwarztee.
Rechts: Borretschblüten sind eine hübsche und schmackhafte Zutat zu sommerlichen Getränken.
Gegenüber: Hagebutten sind reich an Vitamin C und können sowohl zu Tee als auch zu Marmeladen und Gelees verarbeitet werden.

Heilkräuter wurden aber auch schon früh von Kräuterkundigen kultiviert.

Die ayurvedische Medizin Indiens sieht die Einheit aus Körper, Seele und Geist als Voraussetzung für die Gesundheit. Kräuter haben hier einen hohen Stellenwert. Eine der wichtigsten Schriften der ayurvedischen Medizin ist die *Charaka Samhita*, eine Sammlung von seit dem siebten Jahrhundert v. Chr. mündlich überliefertem Wissen, das im ersten Jahrhundert n. Chr. schließlich niedergeschrieben wurde. Das Werk beschreibt rund 350 verschiedene pflanzliche Heilmittel. Die Kräuter werden in den verschiedensten Formen verwendet: als frischer Saft, als Mus, zu Pulver zerstoßen oder in Öl, Butter oder Zucker gegart.

Auch in China blickt die Pflanzenheilkunde auf eine lange Geschichte zurück. Grundprinzip der traditionellen chinesischen Medizin ist die Vorstellung von einander widerstrebenden kosmischen Kräften, Yin und Yang, und fünf Elementen (Feuer, Metall, Wasser, Holz und Erde), denen je eines der fünf Organe des menschlichen Körpers zugeordnet ist. Kräuter werden nach Geschmacksrichtungen in sechs Gruppen aufgeteilt (scharf, süß, sauer, bitter, salzig und neutral), die jeweils einem bestimmten Behandlungszweck dienen. Schlüsselwerk dieser Lehre war Li Shi Zhens Buch zur Kräuterheilkunde *Ben Cao Gang Mu*, ein 1578 zur Zeit der Ming-Dynastie entstandenes 53-bändiges Kompendium, das bis heute verwendet wird. In diesem Lexikon werden 1892 Kräuter und ihre Anwendungsgebiete und -weisen beschrieben. Eine besondere Bedeutung kommt in der traditionellen chinesischen Medizin jedoch 50 Grundrezepturen zu, Mixturen aus verschiedenen Kräutern, die den Bedürfnissen des jeweiligen Patienten angepasst werden.

In der westlichen Welt wurde die Arzneimittelkunde vor allem von den alten Griechen und Römern überliefert. Aber auch die Araber leisteten einen wesentlichen Beitrag zur Kräuterkunde, unter anderem entwickelten sie die Destillation als Methode zur Gewinnung von Kräuteressenzen. Während des

Mittelalters wurde die Pflanzenheilkunde vor allem in den christlichen Klöstern gepflegt und erweitert. Später übernahmen Apotheker diese Funktion.

Im Frankreich des 20. Jahrhunderts entstand die sogenannte Aromatherapie, die ätherische Öle zur Linderung von Beschwerden einsetzte. Schon früher hatten viele Kulturen Duftöle therapeutisch genutzt, darunter die alten Ägypter, doch der Begriff Aromatherapie stammt von dem französischen Chemiker und Parfümeur René-Maurice Gattefosse, der per Zufall, als er sich die Hand verbrannte, die heilende Wirkung von Lavendelöl entdeckte. Auf den Erkenntnissen Gattefosses baute einige Jahre später der französische Feldarzt Jean Valnet auf, der ätherische Öle verwendete, um während des Zweiten Weltkriegs Verwundete zu behandeln. Heutzutage erfreuen sich sowohl die Aroma- als auch die Bachblütentherapie, die Anwendung von pflanzlichen Extrakten nach der in den 1930ern entwickelten Lehre von Dr. Edward Bach, großer Beliebtheit.

Die Indianerstämme Nordamerikas verfügten über umfassende Kenntnisse der Heilkräfte der einheimischen Pflanzenwelt, und viele europäische Siedler griffen auf dieses Wissen zurück. Eine bedeutende Richtung der amerikanischen Heilpflanzenkunde wurde von Samuel Thomson begründet, der seine schwer kranke Frau mithilfe traditioneller Arzneimittel heilte. 1822 legte er seine Naturheilmethoden, das sogenannte „Thomson-System", in dem weitverbreiteten Buch *New Guide to Health, or Botanic Family Physician* (etwa *Der neue Gesundheitsführer oder der botanische Hausarzt*) nieder. Die Angehörigen der amerikanischen Shaker-Sekte machten sich besonders um die Verfügbarkeit von Pflanzenarzneien verdient. Sie trieben Handel mit Heilkräutern, die sie zunächst in der Natur sammelten und später im großen Stil anbauten. Ihr erster Heilkräuterkatalog kam 1830 heraus.

Schon immer wurden Kräuter auf die verschiedenste Weise zu Arzneimitteln verarbeitet. Aufgüsse zur Einnahme werden zubereitet, indem man frische oder getrocknete Kräuter in heißem Wasser ziehen

Rechts: Die Aromatherapie arbeitet mit Duftkerzen und ätherischen Ölen. Gegenüber: Blüten und Blätter des Wermuts werden zur Herstellung von Absinth benötigt.

lässt, eine einfache Methode zur Verarbeitung besonders der Blätter und Blüten. Durch längeres Auskochen von Wurzeln, Rinde und Beeren entsteht ein höher konzentrierter Sud. Zur Zubereitung von Tinkturen legt man die Kräuter in Alkohol ein, ein Vorgang, der sie wirkungsvoll konserviert. Sirups versüßen allzu bittere Kräuter nicht nur, sondern machen sie auch haltbar und beruhigen den Hals. Salben aus mit Ölen oder Fetten vermengten Kräutern werden als eine Art Schutzschicht äußerlich auf die Haut aufgetragen. Cremes, Emulsionen und Kräuterlösungen werden ganz oder teilweise von der Haut aufgenommen. Umschläge, feuchte Packungen oder Kräuterbrei werden warm auf die Haut aufgelegt und lindern Hautprobleme und Schmerzen. In Kräuteraufgüssen getränkte Wickel beruhigen die Haut.

In unserer Zeit erlebt die Naturheilkunde eine Art Renaissance und wird schon lange nicht mehr als bloßer Aberglaube oder Volkstümelei abgetan. Man braucht sich nur einmal in einer Apotheke umzusehen, um festzustellen, wie viele traditionelle Kräuterarzneien dort erhältlich sind, von Echinaceakapseln zur Stärkung der Abwehrkräfte bis zu Johanniskraut, einem wirksamen Mittel gegen Depressionen. Die Forschung hat inzwischen bestätigt, dass viele der traditionellen Heilpflanzen tatsächlich wirksame Stoffe enthalten. So haben klinische Tests z. B. bewiesen, dass das Mutterkraut, das schon im 17. Jahrhundert von dem englischen Kräuterkundigen Culpeper als Mittel gegen „Kopfschmerzen aller Art" empfohlen wurde, tatsächlich Häufigkeit, Stärke und Dauer von Migräneanfällen lindert. Es wäre natürlich falsch, zu glauben, dass Kräuter durchwegs positiv wirken, nur weil sie Naturheilmittel sind. Aber vernünftig und, bei Bedarf, unter Aufsicht eines erfahrenen Arztes oder Apothekers eingenommen, können Heilpflanzen zweifellos viele Beschwerden lindern. Dennoch können auch Kräuter gefährliche Nebenwirkungen verursachen, wenn sie nicht richtig eingesetzt werden, und die Pflanzenheilkundigen wussten schon immer, dass sie nicht nur heilen, sondern auch schaden können.

Giftige Kräuter

Wir sind so daran gewöhnt, Kräuter als Heilmittel zu betrachten, dass es uns mitunter in Erstaunen versetzt, wie giftig einige Pflanzen tatsächlich sind. Trotz ihrer potenziell tödlichen Wirkung werden einige dieser Kräuter aber doch medizinisch genutzt. Eine solche Pflanze ist der Rote Fingerhut, eine schöne, aber auch sehr gefährliche Pflanze. Ein englischer Arzt, William Withering, wusste, dass der Fingerhut traditionell als Heilmittel gegen die Wassersucht verabreicht wurde. Er ging davon aus, dass die Pflanze auch gegen Herzkrankheit wirkungsvoll sei, und veröffentlichte 1785 einen Bericht über deren Heilwirkung. Heute wissen wir, dass ein Wirkstoff des Fingerhuts den Herzschlag kräftigen und verlangsamen kann: das Digitalin, heute ein Standardmedikament. Der Schlafmohn ist zwar giftig, wurde aber jahrhundertelang dennoch als Betäubungsmittel verwendet. Er enthält Morphin und Kodein, bis heute gebräuchliche Schmerz- und Beruhigungsmittel, die zu Abhängigkeit führen können. Die Tollkirsche, allgemein als giftig bekannt, wurde im Mittelalter als Betäubungsmittel, aber auch kosmetisch eingesetzt. Das Atropin, der Giftstoff, den sie enthält, findet bis heute Verwendung in Chirurgie und Augenheilkunde. Der Eisenhut, selbst hochgiftig, galt als wirksames Mittel gegen Schlangengift. Das Bilsenkraut, ein anderes berühmtes Gift, wurde auch als Beruhigungsmittel eingesetzt. So verabreichte der griechische Arzt Dioskurides es als Schlafmittel. Bilsenkraut war und ist für seine tödliche Wirkung berüchtigt. In Shakespeares Stück *Hamlet* stirbt der Vater des Helden durch ein paar ins Ohr geträufelte Bilsenkrauttropfen. Und im richtigen Leben ermordete der englische Giftmörder Dr. Crippen 1910 seine Frau damit.

Gegenüber: Trotz seines zarten Aussehens enthält der Schlafmohn eine hochwirksame Droge.
Unten: Der Wunderbaum wurde als Abführmittel genutzt, obwohl seine Samen hochgiftig sind.

Oben: Aus getrockneten Blumen und Kräutern kann man duftende Potpourris zusammenstellen. Gegenüber rechts: Aus den Blüten der Ringelblume wird Calendulaöl für Hautcremes gewonnen. Gegenüber links: Wilde Stiefmütterchen wurden früher zur Behandlung von Ekzemen eingesetzt.

Kräuter haltbar machen

Die wohl älteste Methode der Konservierung von Kräutern ist das Trocknen. Vor allem Küchenkräuter, etwa Lorbeer oder Oregano, behalten auch in getrocknetem Zustand ihr Aroma, manchmal wird es sogar intensiver. Deshalb werden sie in getrockneter Form fast ebenso häufig verwendet wie in frischer. Ziel des Trocknens ist, Wasseranteil und Volumen der Kräuter zu verringern, die essenziellen Öle jedoch zu erhalten.

Frische Küchenkräuter lassen sich problemlos einfrieren, ein Verfahren, das sich besonders gut für weichblättrige Kräuter wie Minze oder Petersilie eignet. So bleiben nicht nur Geschmack, sondern auch Farbe und Vitamingehalt erhalten. Besonders praktisch ist, dass gefrorene Kräuter vor der Weiterverarbeitung nicht erst aufgetaut zu werden brauchen.

Eine weitere beliebte Methode der Haltbarmachung von Kräutern ist, sie in Öl oder Essig einzulegen. So aromatisierte Öle und Essige eignen sich besonders gut für Salatsoßen oder Marinaden.

Getrocknete Blüten und Kräuter werden gern als sogenanntes Potpourri verwendet. Der Begriff stammt aus dem Französischen und heißt so viel wie „verfaulter Topf". Ursprünglich handelte es sich dabei um feucht eingelegte Blüten und Blätter. Zu einem Potpourri gehören für gewöhnlich Rosenblätter und Lavendelblüten, gern auch duftintensive Kräuter wie Minze, Salbei, Zitronenverbene oder Rosmarin. Manche Blumen, z. B. die Ringelblume, behalten beim Trocknen sogar ihre Farbe. Wegen ihres starken Duftes wird auch gemahlene Schwertlilie gern hinzugefügt. Ätherische Pflanzenöle sind eine einfache Möglichkeit, den Duft der Mischung noch zu verstärken. In einer dekorativen Schale sieht ein Potpourri nicht nur hübsch aus, sondern erfüllt auch den ganzen Raum mit einem angenehmen Duft.

Pflanzenkosmetik

Auch in der Kosmetik hat die Verwendung von Kräutern eine lange Geschichte: als Duftspender, zur Reinigung oder um Schönheitsfehler zu kaschieren. Duftöle aus Kräuterextrakten wurden schon im Alten Ägypten, Indien und Persien verwendet, und auch im Griechenland und Rom der Antike, wo Badehäuser ein wichtiger Teil des gesellschaftlichen Lebens waren, erfreuten sich Parfüms aller Art großer Beliebtheit. Die Erfindung der Destillation durch die Araber zur Herstellung ätherischer Öle war ein entscheidender Schritt.

Einige Kräuter wurden wegen ihrer fettlösenden Wirkung geschätzt, wie etwa die Schafgarbe, die der Reinigung von fettigem Haar und fettiger Haut diente. Bei stumpfem Haar und gegen Schuppen kam Rosmarin zum Einsatz. Der Eibisch wurde wegen seiner hautberuhigenden Eigenschaften auf trockene Haut und rissige Hände aufgetragen. Und schon der englische Kräuterkundler Nicholas Culpeper empfahl im 17. Jahrhundert die Wurzeln und Blätter der Walderdbeere, „um Rötungen, Flecken und andere Unregelmäßigkeiten der Haut zu entfernen". Auch Badewasser wurde mit Pflanzenölen angereichert. Der duftende Lavendel, dessen Name sich vom lateinischen *lavare* („waschen") ableitet, wird mit seiner desinfizierenden Wirkung schon von alters her zu Reinigungszwecken genutzt.

Die kosmetische Verwendung von Kräutern ist einfallsreich und vielfältig: Der Ackerschachtelhalm wirkt bei brüchigen Fingernägeln, Spülungen mit Kamille hellen blondes Haar auf, Holunder bleicht Sommersprossen und ein Aufguss aus den Blütenblättern der Ringelblume hilft bei Ekzemen und Akne. Minzen erfrischen den Atem und werden deshalb Zahnpasten zugesetzt. Eher eigenartig erscheint dagegen der mittelalterliche Brauch, Frauen den Saft der Tollkirsche ins Auge zu träufeln, um die Pupillen zu erweitern und die Augen so dunkel, glänzend und geheimnisvoll wirken zu lassen.

Kräuter

MUSKATKRAUT ACHILLEA AGERATUM

Andere Namen: Muskatgarbe, Süße Schafgarbe
Familie: Asteraceae
Höhe: 30–45 cm
Merkmale: Winterharte Staude mit schmalen, gezackten, hellgrünen Blättern und Schirmrispen von kleinen cremeweißen Blüten
Standort: Gut durchlässiger Boden; Sonne
Verwendung: Küche, Medizin, Dekoration

Das Muskatkraut stammt ursprünglich aus der Schweiz, wird heute jedoch überall in Nordeuropa angebaut, wenn auch verhältnismäßig selten. Es gehört zu den Garben, deren botanischer Name *Achillea* auf Achilles, den griechischen Sagenhelden, zurückgeht. Von Achilles wird berichtet, er sei von dem Zentauren Chiron in der Pflanzenheilkunde unterwiesen worden. Als Arzneimittel wird das Muskatkraut zur Behandlung von Magenbeschwerden eingenommen. In der Küche harmoniert das zarte Aroma seiner Blätter besonders gut mit gebratenem Geflügel, Suppen, Nudeln, Reis- und Kartoffelgerichten. Seine hübschen Blüten lassen sich gut trocknen und sehen in Trockenblumenarrangements besonders dekorativ aus. Auch im Garten macht sich das Muskatkraut gut.

ACHILLEA MILLEFOLIUM SCHAFGARBE

Die Schafgarbe, die man wild wachsend auf Brachflächen und Wiesen in vielen Teilen der Welt, darunter Asien, Europa und Nordamerika findet, hat als Heilkraut eine sehr lange Tradition. Ihr botanischer Name erinnert an den griechischen Feldherrn Achilles, der während des Trojanischen Krieges die Wunden seiner Soldaten damit behandelt haben soll. Andere traditionelle Anwendungsgebiete als Heilpflanze sind Menstruationsbeschwerden sowie Erkältungskrankheiten und grippale Infekte aller Art. Schafgarbe wirkt auch gegen fettiges Haar und wird deshalb Shampoos zugesetzt. Von jeher wurden der Schafgarbe aber auch Zauberkräfte zugeschrieben. Im Alten China wurden ihre Stängel bei Weissagungsritualen eingesetzt, und die Druiden benutzten sie als Wünschelrute. Ihre kulinarischen Verwendungsmöglichkeiten sind begrenzt, junge Blätter schmecken jedoch gut im Salat.

ANDERE NAMEN: Wiesenschafgarbe, Katzenkraut, Bauchwehkraut, Blutkraut

FAMILIE: Asteraceae

HÖHE: Bis zu 90 cm

MERKMALE: Winterharte Staude mit grünen, gefiederten, farnartigen Blättern und weißen bis rosafarbenen Blüten in flachen Dolden

STANDORT: Wegränder und Felder; Sonne

VERWENDUNG: Küche, Medizin, Kosmetik

EISENHUT ACONITUM NAPELLUS

ANDERE NAMEN: Mönchs-, Fischer-, Reiterkappe, Mönchswürgling, Ziegentod
FAMILIE: Ranunculaceae
HÖHE: 1,2–1,5 m
MERKMALE: Winterharte Staude mit mehrfach geteilten grünen Blättern und dunkelblauen Blüten in Endtraubenform
STANDORT: Feuchter Boden; Schatten (z. B. Fluss- oder Bachufer)
ANWENDUNG: Medizin

Der Eisenhut sieht zwar ausgesprochen hübsch aus, ist aber seit langer Zeit als eine der giftigsten Pflanzen überhaupt bekannt. Sämtliche Teile der Pflanze von den Wurzeln bis zu den Blüten sind mit größter Vorsicht zu behandeln. Der botanische Name *Aconitum* leitet sich aus der griechischen Mythologie ab. Der Sage nach soll die Pflanze am Berg Akonitos aus dem zu Boden tropfenden Geifer des dreiköpfigen Höllenhundes Zerberus entsprungen sein. In der Kräuterkunde ist der Eisenhut aber nicht nur als Gift, sondern auch als Gegengift, z. B. zur Behandlung von Schlangenbissen, bekannt. Gärtner, die den Eisenhut anpflanzen, sollten ihn nur mit Handschuhen anfassen. Die Bezeichnung Eisenhut leitet sich von der helmartigen Blütenform ab.

AGASTACHE FOENICULUM DUFTNESSEL

Ursprünglich in Nordamerika beheimatet, wurde diese Pflanze im 19. Jahrhundert auch in Europa eingeführt. Wie ihre deutschen Namen andeuten, hat sie einen sehr intensiven, leicht anisartigen Duft und Geschmack. Die Blätter schmecken gut in Salaten, als Kräutertees oder in sommerlichen Obstsalaten. Ihre Sommerblüten sind eine gute Nektarquelle und locken Schmetterlinge und Bienen in Scharen an. Die Duftnessel erfreut sich bei Imkern großer Beliebtheit, weil der aus ihrem Nektar hergestellte Honig ein zartes Anisaroma besitzt. In dichten Büschen wachsend, ist sie ein Blickfang in jedem Kräutergarten. Die nordamerikanischen Indianer nutzten sie als Heilmittel gegen Husten.

ANDERE NAMEN: Anis-Ysop
FAMILIE: Lamiaceae
HÖHE: Bis 60 cm
MERKMALE: Ausdauernd, mit spitz zulaufenden, ovalen, gezähnten mittelgrünen Blättern und Ähren von kleinen hellvioletten Blüten
STANDORT: Gut durchlässiger, nährstoffreicher Boden; Sonne
VERWENDUNG: Küche, Dekoration, Medizin

ODERMENNIG

AGRIMONIA EUPATORIA

Wild wächst der Odermennig in ganz Europa auf Feldern, an Hecken und auf Brachflächen. Traditionell wird er vor allem wegen seiner Heilwirkung geschätzt. Sein wissenschaftlicher Name kommt aus dem Griechischen: *agremone* bedeutet so viel wie „Pflanze, die Augenkrankheiten heilt", *eupatoria* erinnert an den König Mithridates VI. Eupator, der im ersten Jahrhundert n. Chr. lebte und für seine Kenntnisse in der Kräutermedizin bekannt war. Im Mittelalter gehörte der Odermennig zu den häufig verordneten Pflanzen. In vielen Ländern wird er als Abführmittel und bei Leberbeschwerden verabreicht, außerdem bei Entzündungen, Wunden und Husten. Er enthält viel Tannin und hat deshalb eine zusammenziehende Wirkung. Getrocknet werden seine Blätter und Blüten zu Gurgellösungen und Toniken verarbeitet und als Wundauflage verwendet.

ANDERE NAMEN: Ackerblume, Ackermännchen
FAMILIE: Rosaceae
HÖHE: Bis 90 cm
MERKMALE: Winterharte Staude mit gefiederten Blattspreiten und Ähren von kleinen gelben Blüten
STANDORT: Gut durchlässiger Boden; Sonne
VERWENDUNG: Medizin, Küche

GÜNSEL

AJUGA REPTANS

Diese schnell wachsende Staude ist in Europa, Nordafrika und Westasien zu Hause, wo sie in feuchten Wäldern und auf Wiesen gedeiht. Der berühmte englische Kräuterkundler Culpeper machte schon im 17. Jahrhundert auf die hervorragenden Eigenschaften des Günsels bei der Behandlung von Wunden und als Mittel gegen Kater aufmerksam. Seine adstringierende Wirkung machte ihn zu einem der gängigen homöopathischen Mittel bei Entzündungen im Mund- und Rachenraum. Zur Arzneiherstellung werden die Blätter sowohl frisch als auch getrocknet verwendet. Bei Gärtnern ist der Günsel als Bodendecker beliebt. Er wird vornehmlich als Rabattenbegrenzung und unter Sträuchern gepflanzt und zieht mit seiner üppigen Blütenpracht Bienen und Schmetterlinge an.

FAMILIE: Lamiaceae
HÖHE: 10–30 cm
MERKMALE: Immergrüne Staude mit ovalen bis löffelförmigen Blättern und gedrehten Scheinähren mit zahlreichen violetten bis dunkelblauben Blüten
STANDORT: Feuchter Boden; Sonne oder Halbschatten
VERWENDUNG: Medizin, Dekoration

FRAUENMANTEL

ALCHEMILLA XANTHOCHLORA (ALCHEMILLA VULGARIS)

ANDERE NAMEN: Taufänger, Gänsefuß, Marienkraut, Regendächle, Silberkraut
FAMILIE: Rosaceae
HÖHE: 30 cm
MERKMALE: Winterharte Staude mit nierenförmigen, gekerbten, gezähnten grünen Blättern und Blütenständen mit winzigen gelbgrünen Blüten
STANDORT: Nährstoffreicher Boden; Sonne bis Halbschatten
VERWENDUNG: Medizin

Diese winterharte Pflanze ist in Europa zu Hause und wächst dort unter den verschiedensten Bedingungen, auf feuchten Wiesen ebenso wie auf kargen Felsvorsprüngen. Ihr lateinischer Name leitet sich von *alchimia*, dem arabischen Wort für Alchemie, ab und deutet bereits an, dass der Pflanze in früheren Zeiten Zauberkräfte zugeschrieben wurden. Es heißt, dass die Kräuterkundigen die Tropfen des Morgentaus von den Blättern des Frauenmantels sammelten, um daraus Zaubertränke zuzubereiten. Der Name Frauenmantel verweist auf die charakteristische Mantelform ihrer Blätter sowie auf eines der traditionellen Anwendungsgebiete – als Arznei gegen Menstruationsbeschwerden. Der Frauenmantel kam außerdem als blutstillendes oder harntreibendes Mittel sowie als Herztonikum zum Einsatz. Heutzutage schätzt man ihn auch als dekorative Gartenpflanze.

KNOBLAUCHSRAUKE

ALLIARIA PETIOLATA

Diese winterharte Staude wächst in ganz Europa und Teilen Asiens an feuchten, schattigen Standorten wie unter Hecken und am Waldrand. Wenn man sie reibt, verströmen Blätter und Stiel einen unverwechselbaren Knoblauchgeruch, ein Umstand, dem die Pflanze ihren volkstümlichen Namen verdankt. Die Knoblauchsrauke wird traditionell als Heilmittel und als Küchenkraut verwendet. Die innere Anwendung kurierte einst Bronchitis und Asthma, die äußerliche half gegen Bisse, Stiche und kleine Wunden. Die jungen Blätter der Knoblauchsrauke sind ein beliebtes Küchenkraut und gelten als verdauungsfördernd. Sie verleihen Suppen und Eintöpfen einen zarten Knoblauchgeschmack. Fein gehackt eignen sie sich gut zum Verfeinern von Salaten.

ANDERE NAMEN: Lauchkraut, Knoblauchskraut, Knoblauchshederich
FAMILIE: Brassicaceae
HÖHE: 30 cm–1,2 m
MERKMALE: Winterharte Staude mit herzförmigen, gezähnten hellgrünen Blättern und Schirmrispen von kleinen weißen Blüten
STANDORT: Feuchter Boden; Schatten oder Sonne
VERWENDUNG: Küche, Medizin

KNOBLAUCH

ALLIUM SATIVUM

Schon seit Jahrtausenden nutzt der Mensch die geruchsintensiven Zwiebeln des Knoblauchs, was diesen zu einer der ältesten Nutzpflanzen überhaupt macht. Es gibt bereits Zeugnisse über seine Verwendung aus babylonischer Zeit, also vor rund 5000 Jahren. Die alten Ägypter glaubten, er verleihe Kraft, und die Römer aßen ihn, bevor sie in die Schlacht zogen. Ursprünglich in Asien beheimatet, wächst der Knoblauch heute überall auf der Welt. Auch seine Geschichte als Heilpflanze ist lang. In dieser Funktion wurde er erstmals um 500 n. Chr. in Quellen der traditionellen chinesischen Medizin erwähnt. Schon früh erkannte man z. B. seine desinfizierende Wirkung. Heute schätzt man den Knoblauch nicht zuletzt wegen seiner Fähigkeit, den Cholesterinspiegel zu senken. Aber auch in der Küche ist die Knolle vielseitig einsetzbar: Ihr volles Aroma gibt Salatsoßen, Eintöpfen, Gewürzpasten, Nudelsoßen, Braten und vielen anderen Gerichten eine ganz besondere Note. Natürlich haftet dem Knoblauch auch einiger Aberglaube an, so vor allem seine abstoßende Wirkung auf Vampire.

FAMILIE: Alliaceae
HÖHE: 40–60 cm
MERKMALE: Winterharte Staude mit langen, schmalen, flachen grünen Blättern und einer Blütendolde mit rosa bis weißen Blüten
STANDORT: Nährstoffreicher, gut durchlässiger Boden; Sonne
VERWENDUNG: Küche, Medizin

SCHNITTLAUCH

ALLIUM SCHOENOPRASUM

Der landläufige Name dieses allseits bekannten Küchenkrauts bezieht sich wohl auf die Tatsache, dass bei der Ernte nur die oberirdischen Teile abgeschnitten werden. Sein botanischer Name leitet sich von den griechischen Wörtern *schoinos* („Binse") und *prasum* („Lauch") her und bezieht sich auf die Form der Blätter. Während des Mittelalters hieß er deshalb auch Binsenlauch. Wegen seines aromatischen Geschmacks und seiner appetitlichen Form wird der Schnittlauch in erster Linie frisch und ungekocht verzehrt, besonders gut schmeckt er zu Eierspeisen wie Rührei und Omelettes. Zu feinen Röllchen geschnitten, wird er auch gern als Garnitur auf Suppen oder Quark gestreut. Sowohl die Blätter als auch die hübschen, essbaren Blüten verleihen Salaten Geschmack und appetitliches Aussehen. In der Heilkunde wird der Schnittlauch für seine appetitanregende und verdauungsfördernde Wirkung geschätzt.

ANDERE NAMEN: Graslauch, Binsenlauch
FAMILIE: Alliaceae
HÖHE: 22 cm
MERKMALE: Winterharte Staude mit langen, dünnen, grasartigen Blättern und kugeligen Dolden von kleinen violetten Blüten
STANDORT: Wächst überall, besonders auf feuchtem, gut durchlässigem Boden
VERWENDUNG: Küche, Medizin

SCHNITTKNOBLAUCH ALLIUM TUBEROSUM

ANDERE NAMEN: Chinesischer Schnittlauch, Knolau
FAMILIE: Alliaceae
HÖHE: 40 cm
MERKMALE: Winterharte Staude mit langen, flachen grünen Blättern und Dolden von zarten, sternförmigen weißen Blüten
STANDORT: Nährstoffreicher, gut durchlässiger Boden; Sonne
VERWENDUNG: Küche, Medizin

Diese geruchsintensive Pflanze stammt ursprünglich aus Südostasien und wird in der chinesischen Küche viel verwendet. Erst in letzter Zeit gewinnt der Schnittknoblauch auch in Europa an Beliebtheit. Wie der deutsche Name andeutet, verströmen die flachen Blätter der Pflanze einen durchdringenden Knoblauchgeruch und haben beim Verzehr ein zartes Knoblaucharoma. In der chinesischen Küche verleiht das viel verwendete Kraut z. B. Teigtaschen und Schmorgerichten besonderen Geschmack. Auch für Pfannengerichte ist es gut geeignet. Weißer Schnittknoblauch wird im Dunkeln gezüchtet und traditionell bei der Zubereitung von Nudelgerichten und Frühlingsrollen verwendet. Da er ein schwefelreiches Senföl enthält, wirkt er gut auf die Verdauung und regt die Blutzirkulation an. Außerdem ist er entzündungshemmend und fördert die Wundheilung.

ALLIUM URSINUM BÄRLAUCH

Der Bärlauch ist in Europa und Asien zu Hause, wo er in feuchten Wäldern, an Wasserläufen und allgemein an schattigen Standorten bis heute verbreitet wild wächst. Die Pflanze verströmt besonders im Frühling, wenn sie blüht, einen intensiven Knoblauchduft. Der deutsche wie der botanische Name beruhen auf dem Umstand, dass die Pflanze die erste Nahrung für aus dem Winterschlaf erwachte Bären ist. Frisch gepresster Bärlauchsaft wurde zur Behandlung von Husten, Halsschmerzen und Erkältungskrankheiten eingenommen. In der Küche wurden seine Blätter vor allem zum Würzen von Salaten, Soßen und Eierspeisen verwendet. In den letzten Jahren erlebte der Bärlauch als Nahrungsmittel einen regelrechten Boom und erfreut sich, beispielsweise zu *Pesto* verarbeitet, großer Beliebtheit.

ANDERE NAMEN: Waldknoblauch, Wilder Knoblauch, Hexenzwiebel, Zigeunerlauch
FAMILIE: Alliaceae
HÖHE: 36–45 cm
MERKMALE: Winterharte Staude mit speerförmigen dunkelgrünen Laubblättern und Dolden von sechsblättrigen weißen Blüten
STANDORT: Feuchter Boden; Halbschatten bis Schatten
VERWENDUNG: Küche, Medizin

ECHTE ALOE

ALOE VERA (ALOE BARBADENSIS)

Eigentlich in Afrika beheimatet, ist die Echte Aloe mit ihren dekorativen Blättern als Zimmerpflanze inzwischen auch in kühleren Gegenden beliebt. Ihre Heilwirkung ist seit Langem bekannt, schon die alten Ägypter nutzten sie zur Behandlung von Katarrhen. Sie wurde so hoch geschätzt, dass Alexander der Große die Insel Socotra im Indischen Ozean nur deshalb erobert haben soll, um seinen Soldaten die dort heimische heilkräftige Pflanze zugänglich zu machen. Die fleischigen Blätter enthalten ein Gel (zu gewinnen, indem man einfach ein Blatt abbricht und aufschneidet), das, direkt auf Schnitte und kleine Verbrennungen aufgetragen, kühlt und den Heilungsprozess vorantreibt. Noch heute findet dieses Gel sowohl pur als auch in verarbeiteter Form in Cremes, Lotionen, Pillen und Tinkturen vielfältige Verwendung.

ANDERE NAMEN: Curaçao-Aloe, Wüstenlilie, Wundkaktus
FAMILIE: Aloaceae
HÖHE: 60 cm
MERKMALE: Immergrüne Staude mit Rosetten von lanzettförmigen, spitz zulaufenden, am Rand gezähnten, fleischigen graugrünen Blättern und glockenförmigen gelben oder orangefarbenen Blüten auf einem Stängel
STANDORT: Gut durchlässiger Boden; Sonne
VERWENDUNG: Medizin, Kosmetik

ZITRONENVERBENE ALOYSIA TRIPHYLLA

ANDERE NAMEN: Zitronenstrauch
FAMILIE: Verbenaceae
HÖHE: 1–3 m
MERKMALE: Immergrüner Strauch mit länglichen, ovalen grünen Blättern und kleinen, in Rispen angeordneten lavendelfarbenen bis weißen Blüten
STANDORT: Gut durchlässiger, feuchter Boden
VERWENDUNG: Küche, Medizin, Kosmetik

Die Zitronenverbene wurde im 18. Jahrhundert aus Chile nach Europa gebracht. Hierzulande ist sie vor allem als Gartenpflanze beliebt. Am besten gedeiht sie jedoch in ihrem Ursprungsgebiet Südamerika, wo sie, anders als in Regionen mit gemäßigtem Klima, eine beeindruckende Größe erreicht. Das aus der Zitronenverbene gewonnene ätherische Öl mit seinem starken Zitronenduft wird vor allem in der Kosmetik- und Parfümherstellung benutzt. Weil die Blätter auch getrocknet ihren Duft bewahren, werden sie gern in Potpourris verwendet. Medizinisch wurde die Zitronenverbene für ihre beruhigenden und entkrampfenden Eigenschaften geschätzt. Im Küchenbereich werden ihre Blätter frisch oder getrocknet in erster Linie zu Tee verarbeitet, als Gewürz passt sie aber auch gut zu Fisch, Essigen, Marmeladen, Getränken und Fruchtsalaten.

ALTHAEA OFFICINALIS EIBISCH

Der Eibisch ist in Westeuropa, Zentralasien und Nordafrika heimisch und wächst dort in Feuchtgebieten und sogar auf sehr nassem Grund und Marschland. Sein botanischer Name leitet sich von dem griechischen Wort *altho* („heilen") ab. Er hat eine lange Geschichte als Heilkraut und wurde schon von dem römischen Naturkundler Plinius erwähnt. Die vor allem in der Wurzel enthaltenen Schleimstoffe der Pflanze wirken lindernd bei Husten, Halsschmerzen und Magengeschwüren. In der Kosmetik wird der Eibisch in hautberuhigenden Mitteln und als Spülung gegen trockenes Haar verwendet. Während die Römer den Eibisch noch als Gemüse verzehrten, wurden seine Wurzeln später zur Herstellung von *Marshmallows* (so auch der englische Name des Eibischs) verwendet. In Frankreich isst man junge Eibischblätter im Salat, um die Nierentätigkeit anzuregen.

ANDERE NAMEN: Ibisch, Heilwurz, Hülfwurz, weiße Pappel
FAMILIE: Malvaceae
HÖHE: 60–120 cm
MERKMALE: Winterharte Staude mit samtigen, gezähnten, lappigen grünen Blättern und weißen bis rosafarbenen fünfblättrigen Blüten
STANDORT: Leicht feuchter bis nasser Boden; Sonne
VERWENDUNG: Küche, Medizin, Kosmetik

DILL ANETHUM GRAVEOLENS

ANDERE NAMEN: Gurkenkraut, Kümmerlingskraut, Dillfenchel
FAMILIE: Apiaceae
HÖHE: 60–90 cm
MERKMALE: Einjähriges Kraut mit fein gefiederten grünen Wedeln und flachen Dolden kleiner hellgelber Blüten, denen ovale gelbbraune Samen folgen
STANDORT: Gut durchlässiger Boden; Sonne
VERWENDUNG: Küche, Medizin

Dieses zarte Kraut entlehnt seinen Namen von dem altnordischen Wort *dilla* („einlullen"), denn es war früher ein gängiges Mittel gegen Koliken, mit dem man schreiende Babys beruhigte. Der englische Kräuterkundler Culpeper bescheinigte dem Dill im 17. Jahrhundert lindernde Wirkung bei Schluckauf und Blähungen. Überhaupt wurde der Dill lange Zeit vor allem als Heilkraut betrachtet. Heutzutage findet er eher in der Küche Verwendung, wo sowohl seine zarten, aromatischen Blätter als auch seine leicht nach Kümmel schmeckenden Samen als Gewürz dienen. Dillsamen werden häufig zum Einlegen z. B. von Gurken verwendet, passen aber auch gut zu Kohlgerichten. Besonders beliebt ist das Gewürz in Skandinavien. Eine weltbekannte Spezialität ist der *Graved Lachs* aus Schweden, frischer, mit Salz, Zucker, Pfeffer und fein gehackten Dillblättern marinierter Lachs.

ANGELICA ARCHANGELICA ENGELWURZ

Wie der Name schon vermuten lässt, ist dieses große, schöne Kraut tief in der christlichen Mythologie verwurzelt. Die Kräuterkundler des Mittelalters nannten es *herba angelica* („Engelspflanze"), die Ärzte der Renaissance „Wurzel des Heiligen Geistes". Eine Legende besagt, dass die Engelwurz ihren Namen dem Umstand verdankt, dass sie am Tag des Erzengels Michael, dem 8. Mai, blüht. Eine andere Legende erzählt von einem Engel, der die Heilwirkung der Pflanze in einem Traum offenbarte: Ein Stück ihrer Wurzel, im Mund behalten, sollte vor der Pest schützen. Während des Mittelalters glaubte man, sie biete Schutz gegen Hexen und Verwünschungen. Heutzutage wird ihr wohlriechendes ätherisches Öl in der Aromatherapie und bei der Parfümherstellung verwendet. Die Samen der Engelwurz sind eine wesentliche Zutat des berühmten französischen Likörs *Chartreuse*.

ANDERE NAMEN: Brustwurz, Erzengelwurz
FAMILIE: Apiaceae
HÖHE: 1–2,5 m
MERKMALE: Winterhartes zweijähriges Kraut mit dicken, hohlen Stängeln, großen, glänzenden, tief eingeschnittenen grünen Blättern und kugelförmigen Dolden von kleinen gelbgrünen Blüten
STANDORT: Nährstoffreicher, feuchter Boden; Sonne oder Halbschatten
VERWENDUNG: Küche, Kosmetik

KERBEL

ANTHRISCUS CEREFOLIUM

Den Aufzeichnungen Plinius' des Älteren aus dem ersten Jahrhundert n. Chr. zufolge stammt der Kerbel ursprünglich aus Syrien, wo er als Gemüse gegessen wurde. In Rom diente er vor allem als Gewürz. Während des Mittelalters wurde er für seine Leber und Nieren entgiftende Wirkung geschätzt. Wegen seines Rufs als belebendes und reinigendes Kraut wurde er traditionell vor allem im Frühjahr verzehrt. Als Küchenkraut wird der Kerbel eher frisch als getrocknet verwendet, er hat einen leicht anisartigen Geschmack. Besonders geschätzt wird er in Frankreich, wo er zu den *fines herbes*, einer traditionellen Mischung von Küchenkräutern, zählt, mit der beispielsweise feine Soßen wie die *Sauce Béarnaise* gewürzt werden.

FAMILIE: Apiaceae
HÖHE: 30–60 cm
MERKMALE: Ein- oder zweijährige Staude mit hohlem Stängel und zarten, feingliedrigen grünen Blättern und Dolden von kleinen weißen Blüten
STANDORT: Nährstoffreicher, Feuchtigkeit speichernder Boden; Halbschatten
VERWENDUNG: Küche, Medizin

SELLERIE APIUM GRAVEOLENS

ANDERE NAMEN: Sumpfsellerie, Wilder Sellerie, Eppich
FAMILIE: Apiaceae
HÖHE: Bis zu 1 m
MERKMALE: Winterharte zweijährige Staude mit festem, gekerbtem Stängel, fein zerteilten, gezähnten grünen Blättern und Dolden von kleinen grünweißen Blüten
STANDORT: Nährstoffreicher, gut durchlässiger Boden; Sonne
VERWENDUNG: Küche, Medizin

Der Sellerie ist in Europa, Nordafrika und Südwestasien beheimatet. Man erkennt ihn an seinem ausgeprägten Selleriegeruch und seinem starken, bitteren Geschmack. Seinem kräftigen Duft verdankt er auch den botanischen Beinamen *graveolens* („stark riechend"). Er wird schon lange vor allem als Gewürz vom Menschen genutzt und findet in altägyptischen Texten ebenso Erwähnung wie in Homers *Odyssee*. Der Kultursellerie *Apium graveolens var. dulce*, der wegen seines wesentlich milderen Geschmacks auch als Gemüse verzehrt werden kann, wurde im 17. Jahrhundert in Frankreich und Italien aus der Wildvariante gezüchtet. Medizinisch wurde der wilde Sellerie bei Verdauungsproblemen und Appetitlosigkeit sowie zur Bekämpfung von Bluthochdruck verabreicht.

ARCTIUM LAPPA GROSSE KLETTE

Diese große, robuste Pflanze ist in Europa und Westasien heimisch, man findet sie aber auch in Nordamerika. Sie wächst bevorzugt auf Brachflächen und an Straßenrändern. Ihre charakteristischen hakenbewehrten Knospen sind der Grund für ihren botanischen Namen, der sich aus dem griechischen *arktos* („Bär“) und dem lateinischen *lappa* („Knospe“) zusammensetzt. Bei Kindern sind Kletten traditionell als Wurfspielzeug besonders beliebt. Aber auch als Heilpflanze hat die Klette eine sehr lange Tradition sowohl in der chinesischen als auch der westlichen Medizin. Sie kam bei einer ganzen Reihe von Krankheiten, von Ekzemen über Masern und Rheuma bis hin zu Gicht, zum Einsatz. Ihre langen Wurzeln sind essbar und besonders in Japan unter dem Namen *gobo* begehrt und teuer. Auch ihre jungen Stängel sind essbar und schmecken roh im Salat oder leicht angedünstet.

ANDERE NAMEN: Kladde, Kelbern, Klarre
FAMILIE: Asteraceae
HÖHE: Bis 1,5 m
MERKMALE: Winterharte, zweijährige Staude mit ovalen bis herzförmigen grünen Blättern und runden purpurfarbenen Blüten
STANDORT: Feuchter, neutraler bis alkalischer Boden; Sonne oder Halbschatten
VERWENDUNG: Küche, Medizin

FEUERKOLBEN ARISAEMA TRIPHYLLUM

ANDERE NAMEN: Kobralilie
FAMILIE: Araceae
HÖHE: 15–60 cm
MERKMALE: Winterharte Staude mit geflecktem Stängel und ein oder zwei gefalteten, jeweils in drei Fiedern geteilten Blättern und einer kapuzenförmigen, gestreiften grünen bis lilafarbenen Blüte, bestehend aus einer Blütenscheide, die über den Kolben gebogen ist
STANDORT: Feuchter, gut durchlässiger Boden; Halbschatten
VERWENDUNG: Medizin, Küche, Dekoration

Diese auffällige Pflanze stammt ursprünglich aus dem Osten Nordamerikas. Sie muss mit Vorsicht behandelt werden, weil sie, frisch gegessen, giftig ist. Sie enthält Kalziumoxalat, das bei Verzehr ein unangenehmes Brennen in Mund und Rachen auslöst und bei Kontakt die Augen reizt. Getrocknet oder gekocht jedoch ist der Feuerkolben essbar. Die Wurzelknollen gehörten getrocknet und zu Mehl zermahlen zu den Hauptnahrungsmitteln der nordamerikanischen Ureinwohner. Sie verwendeten den Feuerkolben aber auch als Heilmittel gegen Beschwerden wie Keuchhusten, Furunkel und Schlangenbisse. Wegen seines ungewöhnlichen Äußeren ist der Feuerkolben heute auch als Gartenpflanze beliebt.

ARISTOLOCHIA CLEMATITIS OSTERLUZEI

Heimisch in Mittel- und Südeuropa, wächst die Osterluzei wild auf Feldern, Wiesen und an Straßenrändern. Sie wurde auch angebaut und hat eine lange Tradition als Heilkraut, besonders in der Geburtshilfe. Das belegen schon Zeugnisse aus dem Alten Ägypten. Ihr botanischer Name kommt von den griechischen Wörtern *aristos* („beste") und *lokhia* („Geburt"). Sie sollte bei gynäkologischen Beschwerden und Geburtsschwierigkeiten Linderung bringen. Bei ihrer Verwendung musste jedoch schon immer große Sorgfalt walten, weil sie auch giftig wirken und Fehlgeburten verursachen kann. Äußerlich angewendet, wurde sie als Mittel gegen Hautentzündungen, Wunden und Schlangenbisse eingesetzt.

ANDERE NAMEN: Feuerwinde, Pfeifenblume
FAMILIE: Aristolochiaceae
HÖHE: 20–85 cm
MERKMALE: Winterharte Staude mit herzförmigen grünen Blättern und gebogenen, röhrenförmigen gelben Blüten
STANDORT: Gut durchlässiger Boden; Sonne oder Halbschatten
VERWENDUNG: Medizin

MEERRETTICH

ARMORACIA RUSTICANA (A. LAPATHIFOLIA, COCHLEARIA ARMORACIA)

Der Meerrettich, der ursprünglich in Osteuropa und Westasien heimisch war, hat sich inzwischen in ganz Europa und auch den USA angesiedelt und ist dort, wo er einmal wächst, nur schwer wieder loszuwerden. Wegen der essbaren Blätter und kräftigen hellen Pfahlwurzeln wurde die Pflanze schon früh kultiviert. Während des Mittelalters wurde der Meerrettich als Abführmittel verabreicht, aber auch um Harnwegsinfektionen zu behandeln. In Europa wird die geschmacklich sehr scharfe Meerrettichwurzel mit Essig und Sahne zu einer pikanten Creme vermischt und zu Fisch oder gebratenem Fleisch, wie Roastbeef oder Tafelspitz, serviert. Weil die großen, frischen Wurzeln nach dem Aufschneiden schnell austrocknen, werden sie zur Konservierung gern eingelegt.

ANDERE NAMEN: Kren
FAMILIE: Brassicaceae
HÖHE: 30 cm–1,2 m
MERKMALE: Winterharte Staude mit langen, gefältelten grünen Blättern und Rispen von kleinen weißen Blüten
STANDORT: Gut durchlässiger, nährstoffreicher Boden; Sonne oder Halbschatten
VERWENDUNG: Küche, Medizin

ARNIKA

ARNICA MONTANA

Diese hübsche und wohlduftende Pflanze wächst wild in den Gebirgsregionen Europas und Westasiens und gedeiht am besten bei kühleren Temperaturen. Seit Jahrhunderten zählt die Arnika zu den gebräuchlichsten Heilpflanzen, wie ihr volkstümlicher Name Wohlverleih verdeutlicht. Sie wird vor allem zur Behandlung von Blutergüssen und Verstauchungen, aber auch zur Stärkung der körpereigenen Abwehr und des Herzens verabreicht. Angeblich soll schon Goethe (1749–1832) seine Angina mit Arnika kuriert haben, und bis heute gilt die Pflanze als wirksames Mittel gegen Herzbeschwerden. Neueste medizinische Studien betrachten die innere Anwendung jedoch als nicht ganz ungefährlich. In homöopathischen Dosen ist ihre Einnahme aber völlig unbedenklich.

ANDERE NAMEN: Bergwohlverleih, Donnerwurz, Wolfsbanner, Johannisblume
FAMILIE: Asteraceae
HÖHE: Bis 60 cm
MERKMALE: Winterharte Staude mit löffelförmigen, behaarten grünen Blättern und margeritenähnlichen orangegelben Blüten
STANDORT: Gut durchlässiger, humusreicher, sandiger, saurer Boden; Sonne
VERWENDUNG: Medizin

EBERRAUTE ARTEMISIA ABROTANUM

ANDERE NAMEN: Stabähnlicher Beifuß, Stabwurz
FAMILIE: Asteraceae
HÖHE: Bis zu 1 m
MERKMALE: Winterharter Strauch mit gefiederten graugrünen Blättern und kleinen gelben Blütenköpfen
STANDORT: Gut durchlässiger Boden; Sonne
VERWENDUNG: Küche, Medizin, Dekoration, Insektenschutz

Ursprünglich in Südeuropa beheimatet, wird dieser buschige Strauch heutzutage hauptsächlich in Kultur angebaut. Seine kräftigen, aromatischen Blätter vertreiben Motten und Fliegen und werden beim Binden von Blumensträußen gern verwendet. Als Heilpflanze wurde dieses bittere Kraut zur Förderung der Verdauung, der Leberfunktion sowie der Menstruation eingesetzt. Nicholas Culpeper, englischer Kräuterkundler aus dem 17. Jahrhundert, schrieb ihr eine positive Wirkung bei Kahlköpfigkeit zu: Eine Paste aus Eberrautenasche, in die Kopfhaut einmassiert, rege den Haarwuchs an, so Culpeper. Als Küchenkraut wird die Eberraute wegen ihres intensiven, bitteren Geschmacks nur sparsam verwendet, gebräuchlich ist sie vor allem in Frankreich und Italien, um Kuchen und Essigen Geschmack zu verleihen. Außerdem schmeckt sie im Salat.

ARTEMISIA ABSINTHIUM WERMUT

Der Wermut wächst ursprünglich in Europa und Teilen Asiens vor allem auf Brachflächen und felsigen Hängen. Schon die alten Ägypter schätzten die ausgesprochen bittere Pflanze als Stärkungsmittel, sie wurde aber auch für Wurmkuren und zum Schutz vor Insekten benutzt. Sprichwörtlich wurde die Bitterkeit des Wermuts durch eine Bibelmetapher, die den Wermutstropfen zum Synonym für schlimme Folgen werden ließ: „Denn die Lippen der fremden Frau sind süß wie Honigseim, ..., hernach aber ist sie bitter wie Wermut ..." (Sprüche 5, 3–4). Das Öl des Wermuts war einer der Hauptbestandteile des *Absinths*, eines Modegetränks des späten 19. Jahrhunderts, das für seine gesundheitsschädliche Wirkung berüchtigt war. Inzwischen gilt Wermut an sich als ungefährlich und wird wieder dazu verwendet, z. B. Schnäpsen seinen ganz besonderen Geschmack zu verleihen.

ANDERE NAMEN: Absinth, Bitterer Beifuß, Alsem
FAMILIE: Asteraceae
HÖHE: Bis 1 m
MERKMALE: Sommergrüner, winterharter Strauch mit vielfach geteilten graugrünen Blättern und kleinen gelben Blüten
STANDORT: Gut durchlässiger, neutraler bis alkalischer Boden; Sonne
VERWENDUNG: Medizin, Küche

ESTRAGON ARTEMISIA DRACUNCULUS

ANDERE NAMEN: Dragon, Trachant
FAMILIE: Asteraceae
HÖHE: Bis 90 cm
MERKMALE: Buschige Staude mit langen, schmalen, duftenden grünen Blättern und kleinen gelbgrauen Blüten
STANDORT: Gut durchlässiger Boden; Sonne
VERWENDUNG: Küche, Medizin

Dank seines unverwechselbaren Geschmacks nach Lakritz und Anis ist der Estragon ein sehr beliebtes Küchenkraut. Er wird vor allem in der französischen Küche geschätzt, wo er zu den *fines herbes*, einer gebräuchlichen Kräutermischung, gehört. Er wird nicht nur zur Zubereitung des würzigen Estragonessigs verwendet, sondern prägt auch den Geschmack vieler anderer Gerichte mit klangvollen Namen wie *oeufs en gelée à l'estragon*. Sein feines Aroma kommt am besten zur Geltung, wenn er frisch verarbeitet wird. Traditionell wird er zum Würzen von Geflügel, Eiern und Fisch verwendet. Ebenso bekannt wie für seinen Geschmack war der Estragon einst als Mittel gegen Blähungen. Sein seltsamer botanischer Name (*dracunculus*, „kleiner Drache") verweist wohl auf die Ähnlichkeit seines in sich verdrehten Wurzelstocks mit einem Drachen.

ARTEMISIA VULGARIS BEIFUSS

Der Beifuß kommt in der gesamten nördlichen gemäßigten Klimazone auf Brachflächen und an Wegrändern vor. Er hat eine beachtliche Tradition als Heilkraut und wird sowohl in alten chinesischen Überlieferungen als auch in griechischen und römischen Schriften erwähnt. Die Druiden schätzten ihn als eines der neun Arzneikräuter gegen Vergiftungen. Es heißt, römische Soldaten legten sich etwas Beifuß in die Sandalen, damit die Füße bei langen Märschen nicht so schnell ermüdeten. Außerdem wurde er bei Menstruations- und Klimakteriumsbeschwerden verabreicht. Beifuß galt als die „Mutter aller Kräuter" und wurde mit Hexenzauber und Fruchtbarkeitsritualen in Verbindung gebracht. In der europäischen Küche nutzt man seinen bitteren Geschmack, um fetten Speisen wie Ente, Gans und Aal Aroma zu verleihen.

ANDERE NAMEN: Gänsekraut, Magert, Beipes, Biwes
FAMILIE: Asteraceae
HÖHE: 60 cm–1,7 m
MERKMALE: Winterharte Staude mit purpurfarbenem Stängel und tief eingeschnittenen dunkelgrünen Blättern und ährenförmig angeordneten kleinen gelben oder rosafarbenen Blüten
STANDORT: Gut durchlässiger, neutraler Boden; Sonne
VERWENDUNG: Küche, Medizin

TOLLKIRSCHE

ATROPA BELLA-DONNA

Diese große Pflanze mit den glänzenden schwarzen Beeren wächst vor allem in schattigen Wäldern und an Hecken in Europa, Westasien und Nordafrika. Sie ist bekannt für ihre Giftigkeit. So leitet sich ihr botanischer Name *atropa* auch von *Atropos* ab, dem Namen einer der drei Moiren, die in der griechischen Mythologie den Lebensfaden durchtrennten. Ihr deutscher Name verweist auf ihre betäubende und berauschende Wirkung. Der historische Ruf der Tollkirsche ist eher fragwürdig. Es heißt, ihr Gift habe ganze Armeen niedergestreckt. Aber die Tollkirsche hat auch positive medizinische Eigenschaften und war deshalb in fast jedem mittelalterlichen Kräutergarten zu finden. Wenn man sich den Saft ins Auge träufelte, vergrößerte sich die Pupille und ließ die Augen dunkel und geheimnisvoll erscheinen – daher der Beiname „Belladonna" („schöne Frau"). Der Stoff Atropin, den man aus der Pflanze gewinnt, wird in der modernen Medizin als Betäubungs- und Beruhigungsmittel eingesetzt.

ANDERE NAMEN: Belladonna, Teufelskirsche, Wolfsbeere
FAMILIE: Solanaceae
HÖHE: 1–1,5 m
MERKMALE: Winterharter Strauch mit spitz zulaufenden, ovalen grünen Blättern, hängenden dunkelvioletten, glockenartigen Blüten, gefolgt von glänzend schwarzen Beeren
STANDORT: Feuchter, alkalischer Boden; Sonne oder Halbschatten
VERWENDUNG: Medizin, Kosmetik

GÄNSEBLÜMCHEN

BELLIS PERENNIS

Das Gänseblümchen ist in Europa und Westasien eine sehr weitverbreitete Blume, die auf Wiesen und Feldern wächst. Wegen seines hübschen Aussehens erfreut es sich von jeher ungebrochener Beliebtheit. Sein botanischer Name *Bellis* stammt vom lateinischen *bellus* ab und bedeutet „schön", einer seiner anderen deutschen Namen ist gar Tausendschön. In der traditionellen Pflanzenheilkunde wurde es als Wundkraut zur Behandlung von frischen Wunden eingesetzt. Der englische Kräuterkundler John Gerard berichtete in seinem *Herball* (1597) von der lindernden Wirkung eines Breiumschlags mit Gänseblümchen bei Gicht. Die jungen Blätter, Blütenköpfe und Blütenblätter machen sich hervorragend in Salaten.

ANDERE NAMEN: Maßliebchen, Tausendschön
FAMILIE: Asteraceae
HÖHE: 2,5–15 cm
MERKMALE: Winterharte Staude mit Rosetten von leicht gezähnten, ovalen bis löffelförmigen grünen Blättern und gestielten Blütenköpfen mit einer gelben Mitte und zahlreichen weißen bis pinkfarbenen Blütenblättern
STANDORT: Gut durchlässiger Boden; Sonne bis Halbschatten
VERWENDUNG: Medizin, Küche

BORRETSCH

BORAGO OFFICINALIS

Diese robuste Pflanze ist wild auf Brachflächen im Mittelmeerraum und Westasien zu Hause, wird aber auch schon lange als Küchenkraut kultiviert. Seit dem Altertum wird dem Borretsch eine stimmungsaufhellende Wirkung zugeschrieben. Der englische Schriftsteller Robert Burton bestätigte 1621 in seinem Buch *Anatomy of Melancholy* (*Anatomie der Schwermut*) die Fähigkeit des Krautes, „die Traurigkeit aus den Adern zu spülen". Der Kräuterkundler Gerard riet 1597 in seinem *Herball*, Wein mit Borretschblüten und -blättern anzureichern, um „Männer und Frauen fröhlich zu machen". Bis heute folgen die Engländer diesem Rat, indem sie einem Cocktail namens *Pimm's* Borretschblüten beimischen. Mit ihrem milden Gurkengeschmack passen junge Borretschblätter sehr gut zu Salaten, Mayonnaise oder Frischkäsedips. Der Tee aus frischem Borretsch steht in dem Ruf, Linderung bei Erkältungen zu verschaffen.

ANDERE NAMEN: Gurkenkraut
FAMILIE: Boraginaceae
HÖHE: Bis 60 cm
MERKMALE: Einjähriges Kraut mit spitz zulaufenden, behaarten grünen Blättern und fünfblättrigen, halb hängenden, sternförmigen blauen Blüten
STANDORT: Kalkhaltiger bis nährstoffreicher, gut durchlässiger Boden; Sonne
VERWENDUNG: Küche, Medizin

BUCHSBAUM BUXUS SEMPERVIRENS

FAMILIE: Buxaceae
HÖHE: 2–5 m
MERKMALE: Winterharter, immergrüner Busch oder kleiner Baum mit graubrauner Rinde, kleinen, glänzenden, ovalen Blättern und blassgrünen, blütenblattlosen Blüten
STANDORT: Gut durchlässiger neutraler oder alkalischer Boden; Sonne oder Schatten
VERWENDUNG: Medizin, Dekoration, Holz

Dieser langsam wachsende, langlebige, immergrüne Busch ist in Europa, Nordafrika und der Türkei heimisch, wird aber inzwischen überall gezogen. Sein robustes, dichtes Holz, das doppelt so hart ist wie Eiche, war früher unter anderem für die Herstellung von Drucklettern, Kommoden sowie mathematischen und nautischen Instrumenten sehr gefragt. Seit Jahrhunderten wird der Buchsbaum als Heckenpflanze verwendet, nicht zuletzt, weil er sich so gut zum Formschnitt eignet. Niedrige Buchshecken gehörten traditionell zu jedem klassisch strengen Kräutergarten. Das ätherische Öl des Buchsbaums wurde für seine fiebersenkende Wirkung geschätzt und in der Behandlung von Epilepsie, Syphilis und Malaria eingesetzt. Wegen seiner Giftigkeit wurde er jedoch immer mit Vorsicht behandelt und wird heute nur noch selten als Heilkraut verwendet.

CALAMINTHA GRANDIFLORA BERGMINZE

Diese winterharte Pflanze stammt aus Europa und wächst wild in Hecken, Wäldern und an Straßenrändern. In der traditionellen Heilkunde wurde sie als Schleimlöser geschätzt, und der englische Kräuterkundler Nicholas Culpeper beschrieb sie schon im 17. Jahrhundert als wirksam gegen Gelbsucht, Unruhezustände, Krämpfe und „alle Gebrechen des Gehirns“. Sie war aber auch bekannt dafür, Fehlgeburten verursachen zu können, weil sie Pulegon, ein Lebergift, enthält. Frisch oder getrocknet bereitete man aus ihren nach Minze duftenden Blättern Kräutertees, die gegen Magenbeschwerden und Koliken helfen sollten. Mit ihrem dekorativen Aussehen bereichert sie jeden Kräutergarten.

ANDERE NAMEN: Großblütiger Steinquendel
FAMILIE: Lamiaceae
HÖHE: 37 cm
MERKMALE: Winterharte Staude mit eckigen Stielen, gezähnten, ovalen grünen Blättern und Dolden von purpurfarbenen Blüten
STANDORT: Gut durchlässiger bis trockener, neutraler bis alkalischer Boden; Sonne
VERWENDUNG: Medizin, Dekoration

RINGELBLUME

CALENDULA OFFICINALIS

Die Ringelblume kommt ursprünglich aus Mitteleuropa und dem Mittelmeerraum und wird heutzutage überall zu medizinischen, kulinarischen und dekorativen Zwecken angebaut. Ihr botanischer Name *Calendula* kommt vom lateinischen *Kalandae*, dem Monatsersten im römischen Kalender. Seit Langem ist sie für ihre heilende, desinfizierende und entgiftende Wirkung bekannt, und ihre Tradition als Heilkraut reicht zurück bis zu frühen indischen und arabischen Kulturen sowie den alten Griechen und Römern. Im Mittelalter wurde sie bei Darmproblemen, Pocken und Masern verabreicht. Äußerlich angewendet diente sie der Behandlung von Bindehautentzündung, Verbrennungen und Ekzemen. Ringelblumenblüten, die die Substanz Calendulin enthalten, werden traditionell auch als Lebensmittelfarbe verwendet. Sie färben Käse, Butter, Kuchen und Reisgerichte gelb. Aber auch im kosmetischen Bereich kommt die Pflanze seit Langem zum Einsatz, z. B. bei der Herstellung von Hautcremes.

ANDERE NAMEN: Gartenringelblume, Ringelrose, Butterblume, Totenblume, Studentenblume
FAMILIE: Asteraceae
HÖHE: 50–70 cm
MERKMALE: Einjährige Pflanze mit hellgrünen, länglichen Blättern und gelben oder orangefarbenen Blüten
STANDORT: Gut durchlässiger Boden; Sonne
VERWENDUNG: Küche, Medizin, Kosmetik, Farbe

WIESENSCHAUMKRAUT CARDAMINE PRATENSIS

ANDERE NAMEN: Kuckucksblume
FAMILIE: Brassicaceae
HÖHE: 30–45 cm
MERKMALE: Winterharte Staude mit einer Rosette von gefiederten Blättern auf langem Stängel und Dolden von schmalen, vierblättrigen weißen oder lilafarbenen Blüten
STANDORT: Feuchter Boden; Sonne oder Halbschatten
VERWENDUNG: Küche, Medizin

Das Wiesenschaumkraut ist auf feuchten Wiesen in Europa, Nordamerika und Nordasien heimisch. Sein botanischer Name *Cardamine* leitet sich vom griechischen Wort für „Kresse“, *kardamon* ab, denn die Pflanze ähnelt der Brunnenkresse. Traditionell wird dem Wiesenschaumkraut stärkende und reinigende Wirkung zugeschrieben. Seine Blätter und Blüten sind reich an Vitamin C und werden gern im Salat gegessen. Es rankt sich aber auch einiges an Aberglauben um das zarte Kraut. In England sagte man ihm beispielsweise nach, dass es Nattern anziehe. Außerdem sollte das Pflücken der Blüten Gewitter nach sich ziehen.

CARTHAMUS TINCTORIUS FÄRBERDISTEL

Diese distelartige Pflanze, die ursprünglich aus Westasien stammt, ist über Ägypten nach Europa gekommen und wird heute überall auf der Welt angepflanzt. Ihren botanischen Namen *Carthamus*, der sich vom arabischen *qurtom* oder dem hebräischen *qarthami* („anmalen") ableitet, erhielt sie wegen der roten und orangefarbenen Farbstoffe, die man aus ihren Blüten gewinnen kann. So blickt sie auf eine lange Tradition als Färbemittel für Stoffe und Lebensmittel zurück (ägyptische Quellen belegen diese Nutzung bereits 3000 v. Chr.) und als rotes Pigment für Seide und Rouge. In der Küche wurde sie als billige Alternative für Safran eingesetzt, daher ihre deutschen Beiname „Saflor" und „Falscher Safran". Heutzutage wird die Färberdistel wegen des aus ihren Samen gewonnenen Öls, das reich an ungesättigten Fettsäuren ist, geschätzt und kommerziell angebaut.

ANDERE NAMEN: Färbersaflor, Falscher Safran, Öldistel
FAMILIE: Asteraceae
HÖHE: 30–60 cm
MERKMALE: Einjährige Pflanze mit dornigen, länglichen dunkelgrünen Blättern und distelähnlichen gelben oder orangefarbenen Blütenköpfen
STANDORT: Lockerer, gut durchlässiger Boden; Sonne
VERWENDUNG: Küche, Farbe

KÜMMEL

CARUM CARVI

Heimisch ist diese Pflanze in Westasien und dem Mittelmeerraum, wo sie wild auf Wiesen und Brachflächen wächst. Sie wird kultiviert wegen ihrer kleinen braunen, aromatischen Samen. Seinen unverwechselbaren kräftigen, anisartigen Geschmack und Geruch verdankt der Kümmel dem Inhaltsstoff Carvon. Im Nahen Osten hat der Kümmel eine lange Geschichte als kultivierte Nutzpflanze, und auch die alten Ägypter machten von ihm Gebrauch. Obwohl der Kümmel traditionell auch als Heilkraut eingesetzt wurde – z. B. gekaut gegen Verstopfung und Mundgeruch –, wurde er doch vor allem in der Küche verwendet. In Europa wurde er im Mittelalter eingeführt und spielt bis heute eine wichtige Rolle in der deutschen wie in der osteuropäischen Küche. Sein einzigartiges Aroma prägt Sauerkraut, Roggenbrot, Würstchen, Käse, Kuchen und Schnäpse wie den *Kümmel*.

ANDERE NAMEN: Wiesenkümmel, Mattenkümmich, Maikimmig
FAMILIE: Apiaceae
HÖHE: 60–90 cm
MERKMALE: Ein- oder zweijährige Pflanze mit spitzenartig fein gefiederten hellgrünen Blättern und Dolden von winzigen weißen oder pinkfarbenen Blüten
STANDORT: Gut durchlässiger oder schwerer Boden; Sonne
VERWENDUNG: Küche, Medizin

TAUSENDGÜLDENKRAUT CENTAURIUM ERYTHRAEA

ANDERE NAMEN: Gottesgnadenkraut, Gallkraut, Wundkraut
FAMILIE: Gentianaceae
HÖHE: Bis 25 cm
MERKMALE: Winterharte zweijährige Pflanze mit einer flachen Rosette von keilförmigen grünen Blättern und Dolden von kleinen, sternförmigen, fünfblättrigen pinkfarbenen Blüten
STANDORT: Gut durchlässiger, sandiger Boden; Sonne
VERWENDUNG: Medizin

Das Tausendgüldenkraut ist in Europa und Südwestafrika beheimatet. Es wächst bevorzugt auf trockenen Wiesen, Sanddünen und Klippen. Sein botanischer Name *Centaurium* soll auf den Zentauren Chiron zurückgehen, der in der griechischen Mythologie für seine Kenntnis der Pflanzenheilkunde berühmt war und das Kraut häufig verwendet haben soll. In der Vergangenheit wurden dem Tausendgüldenkraut magische Eigenschaften zugeschrieben. Traditionell wurde es verabreicht, um den Appetit oder die Verdauung anzuregen. Sein überaus bitterer Geschmack bewegte den englischen Kräuterkundler Nicholas Culpeper im 17. Jahrhundert zu der Anmerkung, das Kraut sei zwar sehr magen-, aber doch wenig gaumenfreundlich. Trotzdem empfahl er es für eine Vielzahl von Anwendungsgebieten, von der Wurmkur über die Wundbehandlung bis hin zur Bekämpfung von Natterngift.

CHAMAEMELUM NOBILE KAMILLE

Diese langsam wachsende, kriechende Pflanze ist in Westeuropa und Nordamerika ansässig und wächst dort wild an Wegrändern und auf Brachflächen. Ihr botanischer Name *Chamaemelum* kommt vom griechischen *chamaimelon*, was so viel wie „Erdapfel" bedeutet und sich auf den apfelähnlichen Geruch bezieht, den die Kamille verströmt. Ihr hoher Anteil an aromatischen Ölen schützt sie und die Pflanzen in ihrer Umgebung vor Schädlingen, was ihr den Beinamen „Arztpflanze" eingebracht hat. Während des Mittelalters wurde Kamille als Duftspender auf dem Fußboden ausgestreut. Außerdem wird sie wegen ihres Duftes gern als Wiese gepflanzt. Medizinisch hat die Kamille eine lange Tradition als Mittel gegen Verdauungsprobleme und Entzündungen aller Art. Hierfür wird aus den getrockneten Blüten ein Tee oder Aufguss bereitet.

ANDERE NAMEN: Römische Kamille
FAMILIE: Asteraceae
HÖHE: Bis 30 cm
MERKMALE: Winterhartes, mehrjähriges Immergrün mit fein geteilten grünen Blättern und langstieligen, einzeln stehenden Blüten mit gelber Mitte und feinen weißen Blütenblättern
STANDORT: Fast alle Böden; Sonne bis Halbschatten
VERWENDUNG: Medizin, Küche, Dekoration

GUTER HEINRICH

CHENOPODIUM BONUS-HENRICUS

ANDERE NAMEN: Wilder Mehlspinat, Dorfgänsefuß
FAMILIE: Chenopodiaceae
HÖHE: Bis 60 cm
MERKMALE: Winterharte Staude mit großen, pfeilförmigen grünen Blättern und Ähren von winzigen gelbgrünen Blüten
STANDORT: Nährstoffreicher, gut durchlässiger Boden; Sonne
VERWENDUNG: Küche, Medizin

Der Gute Heinrich ist in Europa, Westasien und Nordamerika zu Hause, wo er wild auf Weiden, Banketten, Brachflächen und in der Nähe von Ruinen wächst. Sein botanischer Name *Chenopodium* setzt sich aus den griechischen Wörtern *chen* („Gans") und *podus* („Fuß") zusammen und verweist auf seine schwimmfußförmigen Blätter. Sein eigentümlicher deutscher Name geht wohl auf König Heinrich IV. von Navarra zurück. Seit Jahrhunderten werden seine jungen Blätter als Küchenkraut verwendet, die jungen Sprösslinge werden gekocht und als „Spargel des armen Mannes" verzehrt. In der traditionellen Heilkunde behandelte man entzündliche Wunden, Furunkel und Abszesse mit Umschlägen aus seinen Blättern.

WEGWARTE

CICHORIUM INTYBUS

Die Wegwarte wächst wild an Heckenrändern, auf Feldern und, wie der Name schon andeutet, an Wegrändern in Europa und Westasien. Schon die Ägypter, Griechen und Römer kannten und schätzten sie wegen ihrer medizinischen und kulinarischen Eigenschaften. Als Heilkraut wurde sie zur Entschlackung, bei Entzündungen der Augen, bei Gallensteinen und als Abführmittel verabreicht. Die jungen, zarten Blätter mit dem leicht bitteren Geschmack verzehrte man als Salat. Seit dem 16. Jahrhundert wird die Wegwarte auch in Kultur gezogen. Früher wurden die bitteren Wurzeln geröstet und als Kaffeeersatz verwendet. Durch Auskochen konnte man aus den Blättern einen blauen Farbstoff gewinnen. Um die Wegwarte ranken sich zahlreiche Legenden. Die bekannteste verbindet ihre blauen Blüten mit den Augen eines Mädchens, das den Verlust ihres Liebsten beweint.

ANDERE NAMEN: Zichorie
FAMILIE: Asteraceae
HÖHE: 1 m
MERKMALE: Winterharte Staude mit lanzettförmigen, gezähnten mittelgrünen Blättern und violetten bis dunkelblauen Blüten
STANDORT: Lockerer, alkalischer Boden; Sonne
VERWENDUNG: Küche, Medizin, Farbe

KAFFIRLIMETTE

CITRUS HYSTRIX

In seiner Heimat Südostasien werden die Blätter und Früchte dieses Zitrusgewächses auf vielfältige Weise genutzt. Ihr botanischer Name *hystrix* („Stachelschwein“) ist ein Hinweis auf die scharfen Dornen des Baums. Die geruchs- und geschmacksintensiven Blätter werden frisch oder getrocknet zum Kochen verwendet und verleihen vielen traditionellen Gerichten wie den thailändischen grünen Currys oder der bekannten Suppe *Tom Yam Gung* ihr charakteristisches zitronig-säuerliches Aroma. Ihre dunkelgrüne Farbe unterscheidet die Frucht der Kaffirlimette ebenso von anderen Limetten wie ihre grobe, warzige Haut. In Indonesien trägt die Kaffirlimette den Namen *jerut obat* (etwa „Arzneizitrone“), weil Saft und Rinde dort traditionell als Heilmittel verwendet werden. Mit der wachsenden Beliebtheit der Thai-Küche kam die Kaffirlimette auch in Europa auf den Markt und ist frisch, gefroren oder getrocknet vielerorts erhältlich.

Andere Namen: Kaffernlimette
Familie: Rutaceae
Höhe: 3–5 m
Merkmale: Kleiner, immergrüner Baum mit glänzenden, geschwungenen grünen Blättern, dornenbewehrten Zweigen und kleinen weißen Blüten
Standort: Gut durchlässiger neutraler bis leicht saurer Boden
Verwendung: Küche, Medizin

TELLERKRAUT

CLAYTONIA PERFOLIATA (MONTIA PERFOLIATA)

ANDERE NAMEN: Kubaspinat, Winterportulak, Winterpostelein
FAMILIE: Portulacaceae
HÖHE: Bis 30 cm
MERKMALE: Einjähriges Kraut mit den Stiel umschließenden, fleischigen grünen Blättern und Dolden von kleinen, fünfblättrigen weißen oder roten Blüten
STANDORT: Lockerer, recht nährstoffreicher, gut durchlässiger Boden; Sonne
VERWENDUNG: Küche

Das Tellerkraut wurde aus Nordamerika nach Europa eingeführt und hat sich dort inzwischen weiträumig verbreitet. Es wächst vor allem auf trockenen Böden an Wegrändern. Seinen deutschen Beinamen „Kubaspinat" verdankt es wohl dem Umstand, dass es im 18. Jahrhundert über die karibische Insel nach Europa kam. Sein hoher Anteil an Vitamin C machte es in seiner nordamerikanischen Heimat zu einem beliebten Gemüse während der Zeit des Goldrauschs, denn sein Verzehr beugte Skorbut vor. Die Blüten und fleischigen Blätter des Tellerkrauts sind schmackhaft und können roh als Salat oder gekocht als Gemüse gegessen werden.

MAIGLÖCKCHEN

CONVALLARIA MAJALIS

Das Maiglöckchen ist in Europa und Nordamerika heimisch. In der Natur wächst es in Wäldern und auf Wiesen, wird heute jedoch überall auch kultiviert. Sein botanischer Name setzt sich aus den lateinischen Wörtern *convallium* („des Tals") und *majalis* („Mai"), dem Monat, in dem es blüht, zusammen. Das Maiglöckchen ist für seine weißen, glockenförmigen Blüten mit ihrem berauschend süßen Duft bekannt und seit dem Mittelalter ein Symbol für Bescheidenheit und Reinheit. Obwohl sämtliche Pflanzenteile giftig sind, wurde das Maiglöckchen früher als Heilpflanze genutzt und als Stärkungsmittel für schwache Herzen verabreicht. Heute weiß man, dass die Pflanze Digitalis-Glykoside enthält, Wirkstoffe, die den Herzrhythmus beeinflussen.

ANDERE NAMEN: Maiblümchen, Zäubchen, Maischellchen
FAMILIE: Convallariaceae
HÖHE: 15 cm
MERKMALE: Mehrjährige Pflanze mit spitz zulaufenden, ovalen grünen Blättern und Stielen mit kleinen, glockenförmigen weißen Blüten
STANDORT: Feuchter Boden; Schatten oder Halbschatten
VERWENDUNG: Medizin, Dekoration

KORIANDER

CORIANDRUM SATIVUM

Diese einjährige Gewürzpflanze, die im östlichen Mittelmeerraum heimisch ist, ist wohl eines der ältesten bekannten Kräuter. Schon vor über 3000 Jahren wurde der Koriander von Ägyptern und Römern verwendet und in Sanskrit-Texten erwähnt. Sein botanischer Name leitet sich vom griechischen *koriannon* („Bettwanze") ab und verweist auf den strengen Geruch des Krauts. Obwohl er zur Behandlung von Verdauungsproblemen auch als Heilkraut zum Einsatz kam, ist der Koriander weltweit doch in erster Linie als Küchenkraut bekannt. Seine duftenden Samen gehören zu den wichtigsten Gewürzen der indischen Küche und prägen z. B. den Geschmack verschiedenster Currys. In Lateinamerika würzt man Fisch, Fleisch und Geflügel mit Korianderblättern, während in Thailand die ganze Pflanze samt Wurzeln zu Würzpaste verarbeitet wird.

ANDERE NAMEN: Wanzendill, Wandläusekraut, Schwindelkorn
FAMILIE: Apiaceae
HÖHE: 15–70 cm
MERKMALE: Einjähriges Kraut mit doppelt eingeschnittenen, aromatischen Blättern und Dolden von kleinen weißen Blüten
STANDORT: Recht nährstoffreicher, gut durchlässiger Boden; Sonne oder leichter Schatten
VERWENDUNG: Küche, Medizin

ZITRONENGRAS

CYMBOPOGON CITRATUS

Das hocharomatische Zitronengras stammt ursprünglich aus Südostasien, wird heutzutage jedoch in vielen Ländern der Welt angebaut. Wie sein deutscher Name besagt, hat es einen ausgeprägten Zitronengeschmack und -duft, der in dem hohen Anteil von Citral in seinem Öl begründet ist. Zitronengras wird in der Küche ganz Südostasiens großzügig verwendet, es würzt die verschiedensten Speisen. Weil seine Stängel hart und fasrig sind, wird es vor der Verarbeitung häufig ein wenig zerdrückt, um die aromatischen Öle freizusetzen, und dann in einem Stück zugegeben. Mitunter wird auch die äußere Schale entfernt und nur das weiche Innere gehackt oder zerdrückt und dann weiterverarbeitet. Zum Kochen sollte man, wenn irgend möglich, frisches Zitronengras verwenden. Zitronengras hat aber auch noch andere Anwendungsgebiete: Es schützt vor Insekten, reinigt die Haut, stärkt den Organismus und regt die Verdauung an.

FAMILIE: Poaceae
HÖHE: Bis 1,5 m
MERKMALE: Robustes Gras mit dichten Büscheln aus langen, schmalen graugrünen Blättern
STANDORT: Gut durchlässiger Boden; Sonne und hohe Luftfeuchtigkeit
VERWENDUNG:
Küche, Medizin, Kosmetik, Insektenschutz

GARTENNELKE

DIANTHUS CARYOPHYLLUS

Die Gartennelke ist in Südeuropa und Nordafrika heimisch und gilt als Vorläufer sämtlicher heute kultivierten Zuchtnelken. Ihr botanischer Name *Dianthus* setzt sich aus den griechischen Wörtern *dios* („Gott“) und *anthos* („Blume“) zusammen. Wegen ihres betörenden Duftes und ihres hübschen Aussehens wurde die Nelke schon von den Griechen und Römern geschätzt und beispielsweise zu dekorativen Girlanden gewunden. Sie gehört zu den ältesten kultivierten Gartenblumen. In der Pflanzenheilkunde wurde sie zu Saft gegen Fieber verarbeitet. In der Küche verliehen ihre Blüten früher Essigen, Bieren, Soßen und Salaten einen ganz speziellen würzigen Geschmack. Kandierte Nelken (ohne den bitteren weißen Teil) sind eine beliebte Tortendekoration, getrocknete Blütenblätter eignen sich wegen ihres Duftes gut für Potpourris.

Andere Namen: Landnelke
Familie: Caryophyllaceae
Höhe: 20–50 cm
Merkmale: Winterharte, immergrüne Staude mit lanzettförmigen graugrünen Blättern und purpurfarbenen Blüten
Standort: Gut durchlässiger, neutraler bis alkalischer Boden
Verwendung: Küche, Medizin, Dekoration

BRENNENDER BUSCH DICTAMNUS ALBUS

ANDERE NAMEN: Diptam
FAMILIE: Rutaceae
HÖHE: 40–80 cm
MERKMALE: Winterharte Staude mit unpaarig gefiederten hellgrünen Blättern und Trauben von duftenden weißen bis blassvioletten Blüten
STANDORT: Gut durchlässiger, neutraler bis alkalischer Boden; Sonne oder Halbschatten
VERWENDUNG: Medizin, Dekoration

Diese aromatische Pflanze ist in Europa, China und Korea heimisch, wo sie in Dickichten und Nadelwäldern wächst. Sie ist so reich an zitronig duftenden ätherischen Ölen, dass eine Glocke von brennbarem Dunst sie an heißen, windstillen Tagen umgibt – daher der eigenwillige deutsche Name. In der Heilkunde ist der Brennende Busch seit Urzeiten gebräuchlich, schon in chinesischen Texten um 600 v. Chr. wird er beschrieben. Die geruchsintensive, bitter schmeckende Wurzelrinde wird getrocknet in der traditionellen chinesischen Medizin eingesetzt, um Fieber zu senken, bakterielle Infektionen zu bekämpfen, Krämpfe zu lösen und die Menstruation einzuleiten. In der westlichen Naturheilkunde wird die Pflanze heute kaum verwendet, denn sie ist in höherer Dosierung giftig. Wegen ihres hübschen Aussehens und angenehmen Duftes ist sie als Gartenpflanze beliebt.

DIGITALIS PURPUREA ROTER FINGERHUT

Der Rote Fingerhut stammt ursprünglich aus West- und Mitteleuropa, wächst aber inzwischen auch in Nordamerika in Wäldern und Hecken. Sein botanischer Name *digitalis* leitet sich vom lateinischen *digitus* („Finger") ab. Seine Schönheit mit den dichten Trauben purpurfarbener, glockenförmiger Blüten hat ihn als Gartenpflanze beliebt gemacht, obwohl er hochgiftig ist. In der Kräuterheilkunde wurde er vor allem zur Behandlung von Entzündungen und Wunden eingesetzt. 1785 beschrieb der englische Arzt Dr. Withering seine Wirksamkeit bei der Behandlung von Herzproblemen. Heute wird der Fingerhut kommerziell für die pharmazeutische Industrie angebaut, und der aus seinen Blättern hergestellte Wirkstoff, Digitalis, wird in Form von Tabletten oder Kapseln bei Herzerkrankungen verabreicht.

ANDERE NAMEN: Fingerpiepen, Waldschellen
FAMILIE: Scrophulariaceae
HÖHE: 1–1,5 m
MERKMALE: Winterharte zwei- oder mehrjährige Pflanze mit Rosetten von rauen, ovalen grünen Blättern und hohen Trauben von röhrenförmigen purpurfarbenen bis weißen Blüten
STANDORT: Gut durchlässiger, neutraler bis saurer Boden; Halbschatten
VERWENDUNG: Medizin, Dekoration

SONNENTAU DROSERA ROTUNDIFOLIA

ANDERE NAMEN: Widdertod, Himmelstau, Herrgottslöffel
FAMILIE: Droseraceae
HÖHE: 10–15 cm
MERKMALE: Mehrjährige Pflanze mit langstieligen, klebrigen, löffelförmigen rotgrünen Blättern in grundständiger Rosette und kleinen weißen fünfblättrigen Blüten
STANDORT: Feuchter Torfboden; Sonne
VERWENDUNG: Medizin, Dekoration

Den Sonnentau findet man in Eurasien und Nordamerika, wo die winterfeste Staude in Moor-, Marsch- und Heidegebieten, häufig in unmittelbarer Nachbarschaft zu Bleichmoosen wächst. Er fängt Insekten, indem er ein Verdauungsenzym ausscheidet, das die Insekten anzieht, festhält und schließlich auflöst. Dieser wie Tau aussehenden Flüssigkeit verdankt der Sonnentau nicht nur seinen landläufigen, sondern auch seinen botanischen Namen: *Drosera*, nach dem griechischen Wort *drosos* („Tau“). In der Pflanzenheilkunde wurde die Pflanze früher als Stärkungsmittel verabreicht, außerdem schrieb man ihr luststeigernde Wirkung zu. Heutzutage wird sie wegen ihres Anteils an Plumbagin, einer Substanz, die gegen eine Reihe von krankheitserregenden Bakterien wirkt, gesammelt.

ECHINACEA PURPUREA ROTER SONNENHUT

Diese schöne Staude ist ursprünglich in Nordamerika beheimatet, wo sie wild in bewaldeten Gegenden wächst. Heutzutage wird sie jedoch vielerorts gezüchtet. Der botanische Name leitet sich vom griechischen *echinos* („Igel“) ab und bezieht sich auf den stachelig wirkenden Blütenkopf. Schon die nordamerikanischen Indianer machten sich die Heilwirkung der Pflanze zur Behandlung von Schlangenbissen und entzündeten Wunden zunutze. In den 1930er-Jahren importierte eine deutsche Kräuterfirma die Samen von *Echinacea purpurea* nach Europa. Die Pflanze wurde untersucht, und man fand heraus, dass sie das Immunsystem stärkt. Heute ist sie als Mittel zur Vorbeugung und Behandlung von Erkältungen und grippalen Infekten weit verbreitet.

ANDERE NAMEN: Purpursonnenhut
FAMILIE: Asteraceae
HÖHE: Bis 1,5 m
MERKMALE: Winterharte Staude mit großen, behaarten, ovalen Blättern und purpurfarbenen, gänseblümchenähnlichen Blüten mit orangefarbenen Köpfchen
STANDORT: Fast alle Böden; Sonne oder Halbschatten
VERWENDUNG: Medizin

NATTERNKOPF

ECHIUM VULGARE

Der Natternkopf kommt ursprünglich aus Europa, wo er auf Brachland und an Wegrändern wächst, hat sich jedoch inzwischen auf der gesamten nördlichen Erdhalbkugel ausgebreitet und wird von vielen als Unkraut betrachtet. Sein botanischer Name kommt vom griechischen *ekios* („Schlange"), wegen der Ähnlichkeit seiner Samen mit Schlangenköpfen. Aufgrund dieser Ähnlichkeit wurde er im Mittelalter tatsächlich zur Behandlung von Schlangenbissen eingesetzt. Im 17. Jahrhundert schrieb der englische Kräutergelehrte Nicholas Culpeper über den Natternkopf: „Es ist ein Kraut der Sonne. Es wirkt besonders gut sowohl gegen Schlangengift als auch gegen giftige Kräuter." Sein Saft wurde zur Beruhigung gereizter Haut und gegen Furunkel aufgetragen. Die jungen Blätter des Natternkopfs schmecken gut im Salat.

ANDERE NAMEN: Stolzer Heinrich
FAMILIE: Boraginaceae
HÖHE: 60–120 cm
MERKMALE: Winterharte, zweijährige Pflanze mit behaarten, länglichen bis lanzettförmigen mittelgrünen Blättern und rosafarbenen bis blauen trichterförmigen Blüten
STANDORT: Lockerer, trockener Boden; Sonne
VERWENDUNG: Küche, Medizin

ACKERSCHACHTELHALM EQUISETUM ARVENSE

ANDERE NAMEN: Kattstert, Rattenschwanz, Fuchszagel, Zinnkraut
FAMILIE: Eequisetaceae
HÖHE: 20–80 cm
MERKMALE: Winterharte Staude mit langen, ineinandergesteckten braungrünen Stängeln und gewundenen grünen Zweigen
STANDORT: Feuchter Boden; Sonne oder Halbschatten
VERWENDUNG: Medizin

Man findet diese auffällige Pflanze von Europa bis China und in Nordamerika, wo sie nahe dem Wasser auf Wiesen, an Hecken oder auf Brachflächen wächst. Bemerkenswerterweise gibt es den Schachtelhalm fast unverändert schon seit der Urzeit. Er vermehrt sich mittels Sporen, hat also weder Blüten noch Samen. Der botanische Name *Equisetum*, der übersetzt „Pferdeschwanz" heißt, beschreibt seine bürstenähnliche Erscheinung. Die ungewöhnliche Chemie der Pflanze befähigt sie, große Mengen von Kieselsäure aus dem Boden aufzunehmen. Schon die alten Römern setzten sie deshalb als Stärkungsmittel und wegen ihrer adstringierenden Wirkung zum Stillen von Blutungen ein. Der hohe Kieselsäuregehalt stärkt brüchige Fingernägel. Außerdem wurde der Ackerschachtelhalm traditionell zum Scheuern von Töpfen und Pfannen benutzt.

ERUCA VESICARIA RAUKE

Die Rauke, ursprünglich im Mittelmeerraum heimisch, wird inzwischen vielerorts angebaut, darunter Nordamerika. Ihres besonderen, pfefferartigen Geschmacks wegen wurde sie von jeher als Salat gegessen. Die Römer schätzten sie unter anderem wegen ihrer vermeintlich luststeigernden Wirkung und aßen sowohl ihre zarten Blätter als auch die Samen. In der französischen Küche ist die Rauke eine der traditionellen Zutaten im *mesclun*, einer südfranzösischen Salatspezialität. Seit den 1980er-Jahren nimmt ihre Beliebtheit auch in Nordamerika und Nordeuropa ständig zu. Sie wird als Salat gegessen, wobei die jungen Blätter einen deutlich milderen Geschmack haben als die alten.

ANDERE NAMEN: Rucola
FAMILIE: Brassicaceae
HÖHE: 60–100 cm
MERKMALE: Einjährige Pflanze mit gebuchteten, gezähnten grünen Blättern und vierblättrigen hellen Blüten
STANDORT: Feuchter, fruchtbarer Boden; Sonne oder Halbschatten
VERWENDUNG: Küche

STRANDDISTEL

ERYNGIUM MARITIMUM

Diese auffällige, distelartige Pflanze ist in Europa heimisch, wo sie in Küstennähe wächst. Ihr deutscher Name spiegelt sowohl ihr natürliches Umfeld als auch ihre Stacheligkeit wider. In der Vergangenheit wurde sie auf verschiedene Weise verwendet. Ihren großen, fleischigen, schleimstoffreichen, süß schmeckenden Wurzeln wurde lange eine luststeigernde Wirkung zugeschrieben; sie wurden in kandierter Form als Süßigkeit verkauft. Ihre jungen Sprossen können gekocht und gegessen werden. In der Heilkunde wurde sie als Schleimlöser zur Behandlung von Husten und bei Blasenbeschwerden als harntreibendes Mittel gegeben. Der englische Kräuterkundler Nicholas Culpeper empfahl die Stranddistel im 17. Jahrhundert zur Linderung von „Melancholie des Herzens". Heutzutage wird sie eher wegen ihrer attraktiven Erscheinung denn zu medizinischen Zwecken gezogen.

ANDERE NAMEN: Seemannstreu
FAMILIE: Apiaceae
HÖHE: 60 cm
MERKMALE: Winterharte Staude mit dreilappigen, stacheligen blaugrünen Blättern und Dolden von stängellosen blauen Blüten
STANDORT: Gut durchlässiger, sandiger oder steiniger Boden; Sonne
VERWENDUNG: Medizin, Küche, Dekoration

SCHLAFMÜTZCHEN

ESCHSCHOLZIA CALIFORNICA

Diese schöne Pflanze ist im Westen Nordamerikas heimisch, wo sie auf offenen Grasflächen wächst. Inzwischen wurde sie auch in viele andere Länder eingeführt. Sie ist dürretolerant, selbstaussäend und so genügsam, dass sie sogar auf ausgelaugtem und feuergeschädigtem Boden gedeiht. Ihren botanischen Namen hat sie von dem Biologen Johann Friedrich Gustav von Eschscholz (1793–1831). Die amerikanischen Ureinwohner nutzten das Schlafmützchen sowohl als Nahrungs- als auch als Arzneimittel, aßen es als Rohkost und wendeten es äußerlich zur Behandlung von Zahnschmerzen und bei Läusebefall an. Es ist eine Pflanze mit sanft beruhigender und schmerzstillender Wirkung und als solche besonders bei der Behandlung von Kindern bis heute gebräuchlich.

ANDERE NAMEN: Kalifornischer Kappenmohn, Goldmohn
FAMILIE: Papaveraceae
HÖHE: 7–10 cm
MERKMALE: Kurzlebige Staude mit stark zerteilten blaugrünen Blättern und vierblättrigen gelben bis orangefarbenen Blüten
STANDORT: Gut durchlässiger bis karger Boden; Sonne
VERWENDUNG: Medizin, Küche

EUKALYPTUS

EUCALYPTUS GLOBULUS

Der Eukalyptus stammt aus Australien, wird aber inzwischen in vielen anderen Ländern mit gemäßigtem Klima angebaut, um Sumpfland auszutrocknen, als Windschutz oder einfach zur Zierde. Sein aromatisches Öl (mit einem hohen Anteil an Cineol, dem Spender des charakteristischen Eukalyptusduftes) wird seit Langem medizinisch genutzt. Wegen seiner schleimlösenden und schwellungslindernden Eigenschaften wird es zum Inhalieren und für Dampfbäder eingesetzt, um Bronchitis, Katarrhe, Erkältungen und grippale Infekte zu behandeln. In Hustenbonbons lindert es den Hustenreiz. Es ist wirksam gegen viele Bakterien, wird äußerlich gegen Prellungen, Verstauchungen und Muskelschmerzen einmassiert und zu Salben gegen Wunden und Abszesse verarbeitet. Eukalyptusöl darf jedoch nur nach Anleitung verwendet werden, eine zu hohe Dosis kann Kopfschmerzen und Krämpfe verursachen und sogar tödlich wirken.

ANDERE NAMEN: Fieberbaum, Blaugummibaum
FAMILIE: Myrtaceae
HÖHE: Bis 45 m
MERKMALE: Feingliedriger Baum mit cremefarbener bis grauer Rinde, die sich in langen Streifen abschält, und langen, lanzettförmigen silberblauen Blättern
STANDORT: Gut durchlässiger Boden; Sonne
VERWENDUNG: Medizin, Dekoration

PURPURDOST EUPATORIUM PURPUREUM

ANDERE NAMEN: Purpur-Wasserdost, Roter Wasserhanf
FAMILIE: Asteraceae
HÖHE: 1,2–3 m
MERKMALE: Winterharte Staude mit langen, ovalen, gezähnten grünen Blättern und großen Blütenständen mit kleinen rosa-, purpurfarbenen oder weißen Blüten
STANDORT: Feuchte Böden; Sonne oder Halbschatten
VERWENDUNG: Medizin, Dekoration

Der Purpurdost stammt aus Nordamerika, dort wächst er wild auf nährstoffreichen, sumpfigen Böden und in feuchten Gräben. Als Heilpflanze soll er von einem indianischen Arzt an der amerikanischen Ostküste bereits erfolgreich gegen Typhus eingesetzt worden sein. Außerdem wurde er traditionell zur Behandlung von Nierensteinen, Harnwegsinfektionen wie der Zystitis und Menstruationsbeschwerden verabreicht. Seine zahlreichen Blüten locken Schmetterlinge, Bienen und andere Pollen sammelnde Insekten an und machen ihn zu einer beliebten Gartenpflanze.

FILIPENDULA ULMARIA (SPIREA ULMARIA) MÄDESÜSS

Das Mädesüß ist in Europa und Westasien heimisch. Dort wächst es wild in Mooren und Marschen, auf Wiesen und an Flussufern. Sein deutscher Name leitet sich wohl von dem Umstand her, dass es früher zur Aromatisierung von Met („Mäde“) gebraucht wurde. Als Nutzpflanze ist es dem Menschen schon sehr lange bekannt, und es soll den Druiden heilig gewesen sein. Seine wohlduftenden cremeweißen Blüten wurden im Mittelalter gern als dekorative Duftspender auf dem Fußboden, aber traditionell auch bei Hochzeiten und in Kirchen verstreut. Als Heilkraut wurde es als harntreibendes Mittel und zur Behandlung von Sodbrennen, Gastritis sowie Magen- und Darmgeschwüren verabreicht. Als Küchenkraut verleiht das Mädesüß Essig, Kräuterbieren und Likören einen köstlichen Geschmack.

ANDERE NAMEN: Johanniswedel, Wiesenkönigin, Krampfkraut, Wurmkraut
FAMILIE: Rosaceae
HÖHE: 60–100 cm
MERKMALE: Winterharte Staude mit paarig gefiederten, gezähnten Blättern und Dolden von kleinen cremeweißen Blüten
STANDORT: Nährstoffreicher, feuchter bis nasser Boden; Sonne oder Halbschatten
VERWENDUNG: Medizin, Küche, Dekoration

FENCHEL

FOENICULUM VULGARE

Der Fenchel stammt aus Südeuropa, wo er wild auf Ödland und an trockenen, sonnigen Stellen, insbesondere auf Klippen wächst. Er ist eine aromatische Pflanze mit einem markanten anisartigen Geruch und Geschmack und wird seit Langem gleichermaßen als Küchen- wie als Heilkraut genutzt. Seit Urzeiten wird der Fenchel in verschiedenen Varianten auch kultiviert. Die griechische Mythologie berichtet, Prometheus habe das Feuer, das er den Göttern gestohlen hatte, in einem hohlen Fenchelstängel verborgen. Die Römer aßen Fenchelsprossen als Gemüse und würzten ihre Soßen mit den graubraunen Samen. In der Heilkunde gilt Fenchel als verdauungsfördernd, Fenchelsamen werden gegen Bauchschmerzen, Blähungen und Appetitlosigkeit verabreicht. Fencheltee wird zur Linderung von Säuglingskoliken gegeben. Wegen seiner zartgefiederten Blätter ist der Fenchel auch als Zierpflanze beliebt.

ANDERE NAMEN: Fennkohl, Finkel, Fenis
FAMILIE: Apiaceae
HÖHE: 1,5–2,1 m
MERKMALE: Winterharte, zweijährige Staude mit zartgefiederten hellgrünen Blättern und Dolden von winzigen gelben Blüten
STANDORT: Gut durchlässiger, neutraler bis alkalischer Boden; Sonne
VERWENDUNG: Medizin, Küche, Dekoration

WALDERDBEERE

FRAGARIA VESCA

Die Walderdbeere ist in Europa, Westasien und Nordamerika beheimatet, wo sie in Wäldern, auf Lichtungen und an Straßenrändern wächst. Seit Urzeiten erfreuen sich ihre kleinen, köstlich schmeckenden Früchte größter Beliebtheit. Ihr botanischer Name kommt vom lateinischen *fragrans* („duftend“) und verweist auf den intensiven Duft dieser Früchte. Auch als Heilpflanze ist sie seit Langem bekannt und wurde traditionell zur Behandlung von Blutarmut, Leber- und Nierenproblemen sowie Gicht eingesetzt. Tee aus Walderdbeerenblättern soll stärkend wirken. Die Walderdbeere wurde auch kosmetisch genutzt: zur Bekämpfung von Falten und Sonnenbrand. Wegen ihres geringen Ertrags und der Empfindlichkeit der Früchte wird die Walderdbeere kaum angebaut. Die Kulturerdbeeren, die heutzutage gegessen werden, stammen von zwei amerikanischen Arten mit größeren Früchten ab.

ANDERE NAMEN: Knickbeere, Arpel, Ihrbär
FAMILIE: Rosaceae
HÖHE: 25–30 cm
MERKMALE: Winterharte, rosettenförmige Staude mit langen Ausläufern und grob gezähnten, dreigeteilten Blättern sowie vier- oder fünfblättrigen weißen Blüten mit gelber Mitte
STANDORT: Nährstoffreicher, neutraler bis alkalischer Boden; Sonne oder Halbschatten
VERWENDUNG: Medizin, Küche

ERDRAUCH FUMARIA OFFICINALIS

Andere Namen: Erdraute, Feldraute, Brutkraut, Taubenkerbel
Familie: Fumariaceae
Höhe: 30–40 cm
Merkmale: Winterharte, kletternde oder kriechende, einjährige Pflanze mit geteilten silbergrauen Blättern und rosa-weißen Blüten mit purpurfarbenen Spitzen
Standort: Lockerer, gut durchlässiger Boden; Sonne
Verwendung: Medizin

Der Erdrauch ist in Europa und im Iran heimisch. Wild wächst er auf Feldern und Brachflächen. Gerne siedelt er sich auch an altem Gemäuer an. Sein botanischer Name stammt von *fumus*, dem lateinischen Wort für „Rauch", ab. Nicht ganz klar ist, worauf sich der Name eigentlich bezieht. Er könnte auf eine Legende zurückgehen, nach der der Erdrauch aus den Dämpfen der Erde entstanden sei. Eine andere Theorie besagt, dass ein Feld voll von blühendem Erdrauch aussehe, als stünde es in Flammen. Fest steht, dass die Pflanze schon von den Römern als Arzneikraut verwendet wurde, besonders bei Leberbeschwerden. Innerlich und äußerlich wird er bis heute bei Hautkrankheiten wie Ekzemen angewendet. Über einen zu langen Zeitraum hinweg eingenommen, wirkt der Erdrauch betäubend.

GALEGA OFFICINALIS GEISSRAUTE

Die Geißraute stammt aus Europa. In der Natur wächst sie vornehmlich an Fluss- und Seeufern, wird heutzutage aber auch im großen Stil gezüchtet. Der botanische Name *Galega* kommt vom griechischen *gala* („Milch") und verweist auf den Ruf der Pflanze, sie könne den Milchertrag von Kühen erhöhen – eine Behauptung, die von der Wissenschaft inzwischen jedoch widerlegt wurde. In der traditionellen Pflanzenheilkunde wurde die Geißraute, die eine schweißtreibende Wirkung hat, gegen Fieber, Pest und Schlangenbisse eingesetzt. Sie wurde auch verwendet, um den Blutzuckerspiegel zu senken und Diabetes zu behandeln.

ANDERE NAMEN: Ziegenraute, Fleckenkraut, Pestilenzkraut
FAMILIE: Fabaceae
HÖHE: 1–1,5 m
MERKMALE: Winterharte Staude mit gefiederten, in sechs bis acht Paaren angeordneten, lanzettförmigen hellgrünen Blättern und lavendelfarbenen bis weißen Blüten
STANDORT: Feuchter, gut durchlässiger Boden; Sonne oder Halbschatten
VERWENDUNG: Medizin

WALDMEISTER GALIUM ODORATUM

Andere Namen: Gliedkraut, Halskräutlein, Maiblume
Familie: Rubiaceae
Höhe: 15 cm
Merkmale: Winterharte Staude mit eckigen Stängeln, Wirteln von lanzettförmigen grünen Blättern und Dolden von sternförmigen weißen Blüten
Standort: Feuchter, gut durchlässiger, neutraler bis alkalischer Boden; Schatten
Verwendung: Medizin, Küche, Insektenschutz

Der Waldmeister ist in ganz Europa, Nordafrika und Russland heimisch. Mit seinen duftenden Blüten wächst er in schattigen Wäldern und an Hecken. Getrockneter Waldmeister riecht angenehm nach Heu, Honig und Vanille und wurde deshalb im Mittelalter als Duftspender auf dem Fußboden verstreut. Er wurde auch verwendet, um Wäscheschränken einen angenehmen Duft zu verleihen und Motten abzuhalten, außerdem in Potpourris sowie bei der Herstellung von Schnupftabak und Parfüm. Als Arznei diente er zur Behandlung von Menstruationsbeschwerden und Krampfadern sowie als Beruhigungsmittel. Eine beliebte deutsche Spezialität ist die Maibowle aus Weißwein und Waldmeister, die traditionell zum Maifeiertag getrunken wird.

GALIUM VERUM LABKRAUT

Das Labkraut findet man wild wachsend in Europa, Westasien und Nordamerika, es besiedelt Brachflächen, sandige Steppen und Straßenränder. Der botanische Name *Galium* kommt vom griechischen *gala* („Milch“). Man nimmt an, dass es früher wegen seines hohen Anteils an Labferment dazu verwendet wurde, Milch zur Käseherstellung gerinnen zu lassen. Das Labkraut stand in dem Ruf, den Schlaf zu fördern. Deshalb stopfte man die Betten damit aus. Traditionell hatte das Labkraut viele medizinische Anwendungsgebiete: als harntreibendes Mittel, gegen Epilepsie und bei Hautproblemen. Nicholas Culpeper, englischer Kräuterkundler, beschrieb im 17. Jahrhundert seine Wirkung gegen Nasenbluten. Es wurde auch zum Färben verwendet: Die Wurzeln lieferten einen roten Farbstoff, aus den Stängeln und Blättern gewann man gelbe Farbe, die bei Käsemachern beliebt war.

ANDERE NAMEN: Liebkraut, Gliedkraut, Liebfrauenbettstroh
FAMILIE: Rubiaceae
HÖHE: 15–100 cm
MERKMALE: Winterharte Staude mit eckigen Stängeln, Wirteln von länglichen, lanzettförmigen grünen Blättern und Dolden von winzigen gelben Blüten
STANDORT: Gut durchlässiger, neutraler bis alkalischer Boden; Sonne
VERWENDUNG: Medizin, Küche, Farbe

GARDENIE

GARDENIA AUGUSTA

Die Gardenie ist in China, Japan, Taiwan und Vietnam zu Hause, wird aber inzwischen weltweit gezüchtet. Der botanische Name der Pflanze erinnert an den Botaniker Dr. Alexander Garden. In China hat die Gardenie eine beachtliche Tradition als Heilpflanze, erwähnt wurde sie bereits in medizinischen Schriften der Han-Dynastie (25–220 n. Chr.). Sie wird verwendet, um fiebrige Erkältungen und Husten zu behandeln, gegen Diabetes, um Blutungen zu stillen und um die Leberfunktion zu unterstützen. Äußerlich angewendet wird sie bei Wunden, Verstauchungen und entzündeten Hautstellen. Ihre essbaren Früchte werden in Japan und China auch zum Färben verwendet, ihre Blüten aromatisieren Tee. Im Westen wird sie für ihre schönen, wohlriechenden Blüten und glänzenden Blätter geschätzt und häufig in Blumensträuße, Kränze und Ansteckstäußchen eingebunden.

ANDERE NAMEN: Kapgardenie
FAMILIE: Rubiaceae
HÖHE: 2–12 m
MERKMALE: Zarter, immergrüner Strauch mit glänzenden, ovalen bis elliptischen dunkelgrünen Blättern und großen weißen Blüten
STANDORT: Gut durchlässiger, humusreicher, sandiger, neutraler bis saurer Boden; Sonne oder Halbschatten
VERWENDUNG: Medizin, Dekoration, Farbe

WINTERGRÜN GAULTHERIA PROCUMBENS

ANDERE NAMEN: Rebhuhnbeere, Scheinbeere
FAMILIE: Ericaceae
HÖHE: 7–15 cm
MERKMALE: Winterharter, immergrüner Strauch mit glänzenden, ovalen bis elliptischen dunkelgrünen Blättern und hängenden, wachsenen weißen Blüten
STANDORT: Feuchter, torfiger, neutraler bis saurer Boden; Halbschatten
VERWENDUNG: Medizin, Küche

Das Wintergrün ist ein geruchsintensiver, kriechender, immergrüner Strauch, der in Nordamerika und Kanada heimisch ist, wo er in kühlen, feuchten Wäldern wächst. Die amerikanischen Ureinwohner nutzten ihn von jeher zur Behandlung von Schmerzen und Atemproblemen. Sein Öl enthält Methylsalicylat, das der Pflanze ihren charakteristischen „medizinischen" Geruch verleiht. Als Arznei ist dieses Öl schon lange bekannt, wegen seines Geschmacks wird es aber auch bei der Herstellung von Süßigkeiten, Hustenbonbons und Zahnpasta verwendet. Der aus den ledrigen Blättern und den Beeren des Wintergrüns zubereitete Tee war ein beliebtes Stärkungsmittel, die roten Beeren können roh gegessen oder zu Marmelade, Gelees und Pasteten verarbeitet werden.

GENTIANA LUTEA GELBER ENZIAN

Der Gelbe Enzian stammt aus Mittel- und Südeuropa, und man findet ihn dort auf den Gebirgswiesen z. B. der Alpen oder der Apenninen. Seinen botanischen Namen erhielt er in Anlehnung an König Gentius von Illyrien (500 v. Chr.), der als Erster die Heilkraft der Pflanze entdeckt haben soll. Der Gelbe Enzian ist so bitter, dass dieser Geschmack noch in einer Verdünnung von 1:12000 durchdringt. Viele Jahrhunderte lang wurden seine Wurzeln zur Herstellung von Arzneien gegen Appetitlosigkeit, Verdauungsprobleme, Leberbeschwerden und Mageninfektionen verwendet. Heutzutage wird er hauptsächlich zur Aromatisierung von Schnäpsen wie *Enzian* und *Angostura* genutzt.

ANDERE NAMEN: Hochwurz, Jenzene, Hemer, Zinzalwurz
FAMILIE: Gentianaceae
HÖHE: 1–2 m
MERKMALE: Winterharte Staude mit ovalen grünen Blättern und schmalblättrigen gelben Blüten
STANDORT: Feuchter, lockerer, gut durchlässiger, neutraler bis saurer Boden; Sonne oder Halbschatten
VERWENDUNG: Medizin, Küche

SÜSSHOLZ GLYCYRRHIZA GLABRA

ANDERE NAMEN: Lakritze, Spanisches Süßholz
FAMILIE: Fabaceae
HÖHE: 1,5 m
MERKMALE: Winterharte Staude mit gefiederten grünen Blättern von neun bis zwölf ovalen Blättchen und blauen bis violetten Blüten
STANDORT: Nährstoffreicher, sandiger Boden; Sonne
VERWENDUNG: Medizin, Küche

Das Süßholz ist im Mittelmeerraum beheimatet und wächst wild an trockenen, offenen Standorten. Wegen seiner essbaren Wurzeln wird es heutzutage jedoch auch überall kultiviert. Sein botanischer Name *Glycyrrhiza* stammt aus dem Griechischen und heißt so viel wie „Süßwurzel". Die dicken, langen Wurzeln enthalten Glycyrrhizin, eine sehr süß schmeckende Substanz. Man kennt sie seit den Zeiten der Assyrer, und sie wurde sowohl von den alten Ägyptern als auch von den Griechen und Römern genutzt, um Husten und andere Erkältungsbeschwerden zu lindern. Früher wurden kleine Stücke der Süßholzwurzel als eine Art natürlicher Kaugummi verkauft. Heutzutage ist das Süßholz vor allem Hauptzutat bei der Herstellung von Lakritze. Besonderer Beliebtheit erfreut sich diese eigenwillige Süßigkeit in Nordeuropa, wo sie in allen möglichen Geschmacksrichtungen angeboten wird.

HAMAMELIS VIRGINIANA ZAUBERNUSS

Ursprünglich kommt dieser sommergrüne Strauch aus dem Osten Nordamerikas, wo er in Waldgebieten wächst. Heutzutage wird er jedoch in ganz Amerika und in Europa kultiviert. Sein deutscher Name erinnert daran, dass man der Pflanze lange Zeit magische Kräfte zuschrieb und ihre gegabelten Zweige als Wünschelruten nutzte. Die amerikanischen Ureinwohner machten Heilsalbe und Aufgüsse aus ihren Blättern und Zweigen, um Verstauchungen, Muskelschmerzen und Prellungen zu behandeln. Die Zaubernuss hat eine abschwellende Wirkung, stillt Blutungen und hemmt Entzündungen. Der destillierte Extrakt der Pflanze wird bis heute überall auf der Welt zur Behandlung von Hautproblemen eingesetzt. Die hübschen, erst im Herbst erscheinenden Blüten mit ihrem wunderbaren Duft machen sie auch zu einer attraktiven Gartenpflanze.

ANDERE NAMEN: Hexenhasel, Virginischer Zauberstrauch
FAMILIE: Hamamelidaceae
HÖHE: 5 m
MERKMALE: Winterharter, sommergrüner Strauch mit kurzen, ovalen grünen Blättern und Dolden von zwei bis vier gelben Blüten mit lockenartig gedrehten Blütenblättern
STANDORT: Feuchter, humusreicher, neutraler bis saurer Boden; Sonne oder Halbschatten
VERWENDUNG: Medizin, Dekoration

ITALIENISCHE STROHBLUME

HELICHRYSUM ITALICUM

Wie der Name schon vermuten lässt, kommt die Italienische Strohblume ursprünglich aus Südeuropa. Sie wächst bevorzugt an trockenen, sonnigen Stellen und ist in ihrer Kulturform vor allem als Bodendecker beliebt. Besonders nach Regenfällen verströmen ihre silbergrauen Blätter bei Berührung einen unverkennbaren, starken Curryduft, weshalb einer ihrer deutschen Namen „Currykraut" ist. Ihr Geschmack ist jedoch weit weniger intensiv als dieser Geruch, sodass sie in der Küche eher wenig zum Einsatz kommt, z. B. zum Würzen von Mayonnaise, Käsecremes, Salaten oder Brathähnchen. Mit ihren duftenden silbrigen Blättern und den dekorativen gelben Blüten wird sie heutzutage hauptsächlich als Zierpflanze gezogen.

ANDERE NAMEN: Currykraut
FAMILIE: Asteraceae
HÖHE: 60 cm
MERKMALE: Winterhartes, immergrünes Kraut mit länglichen, fleischigen silbergrauen Blättern und kleinen, knopfartigen gelben Blüten
STANDORT: Lockerer, gut durchlässiger Boden; Sonne
VERWENDUNG: Küche, Dekoration

CHRISTROSE

HELLEBORUS NIGER

Die Christrose ist eigentlich in den Wäldern Mittel- und Südeuropas zu Hause, wird heutzutage aber auch als Gartenpflanze kultiviert. Das griechische Wort *hellebore* bezeichnet Pflanzen, die Wahnsinn heilen. Der deutsche Name dieser hübschen Pflanze verdeutlicht, dass sie im Winter blüht. Die Christrose hat eine lange Tradition als Heilkraut. Der römische Naturforscher Plinius beschrieb sie als wirkungsvolles Mittel zur Behandlung von Manien. Tatsächlich wirkt die Pflanze stark abführend und kann sogar Fehlgeburten auslösen, sodass sie in der modernen Kräuterheilkunde nur noch selten verwendet wird. Um die Christrose rankt sich einiger Aberglaube. So wurde sie lange Zeit mit Hexerei in Verbindung gebracht und stand in dem Ruf, unsichtbar machen zu können.

ANDERE NAMEN: Schneerose, Schwarze Nieswurz
FAMILIE: Ranunculaceae
HÖHE: 5–20 cm
MERKMALE: Winterharte, sommergrüne Staude mit ledrigen, geteilten, gezähnten dunkelgrünen Blättern und fünfblättrigen weißen oder rötlichen Blüten
STANDORT: Feuchter, nährstoffreicher, neutraler bis alkalischer Boden; Schatten
VERWENDUNG: Medizin, Dekoration

HOPFEN

HUMULUS LUPULUS

Der Hopfen ist in Europa, Westasien und Nordamerika beheimatet. Wild wächst er in Hecken und Gebüschen. Sein deutscher Name kommt vom angelsächsischen *hoppan* („klettern") und bezieht sich auf seine enorme Rank- und Kletterfähigkeit. Schon die alten Römer aßen Hopfenschösslinge als Gemüse, eine Sitte, die in Belgien und Frankreich noch heute gepflegt wird. In der Kräutermedizin wird der Hopfen wegen seiner beruhigenden Wirkung, als Verdauungshilfe und ganz allgemein zur Stärkung genutzt. Der bekannteste Verwendungszweck des Hopfens ist natürlich der als Zutat beim Bierbrauen, eine Funktion, die ihm seit dem neunten Jahrhundert zukommt. Zunächst stieß die Idee, Bier mit Hopfen zu würzen, auf wenig Gegenliebe, doch im Laufe der Zeit setzten sich der aromatische Geschmack und die konservierende Wirkung des Hopfens durch. Auch als dekorative Gartenpflanze ist der Kletterer heute beliebt.

ANDERE NAMEN: Hopfenkraut, Hopfenkühn
FAMILIE: Cannabaceae
HÖHE: Bis 6 m
MERKMALE: Winterharte Kletterstaude mit herzförmigen oder gelappten, gezähnten hellgrünen Blättern und zapfenförmigen mattgrünen (weiblich) oder Rispen von kleinen grünen (männlich) Blüten
STANDORT: Feuchter, gut durchlässiger, humusreicher Boden; Sonne oder Halbschatten
VERWENDUNG: Medizin, Küche, Dekoration

BILSENKRAUT HYOSCYAMUS NIGER

ANDERE NAMEN: Hühnertod, Apolloniakraut, Schlafkraut
FAMILIE: Solanaceae
HÖHE: Bis zu 80 cm
MERKMALE: Ein- oder zweijähriges Kraut mit ovalen, behaarten, gelappten blassgrünen Blättern und glockenförmigen, violett geäderten cremefarbenen Blüten
STANDORT: Lockerer, gut durchlässiger, neutraler bis alkalischer Boden; Sonne
VERWENDUNG: Medizin

Das faulig riechende Bilsenkraut stammt aus Europa und Westasien und wächst wild auf Brachflächen und an Wegrändern mit sandigem oder kalkigem Boden. Sein botanischer Name setzt sich aus den griechischen Wörtern *hyos* und *cyomos* zusammen und bedeutet so viel wie „Schweinebohne". Einer seiner landläufigen Namen, „Hühnertod", verweist darauf, dass seine Samen für Geflügel giftig sind. Überhaupt ist das Bilsenkraut mit Vorsicht zu behandeln. In der Pflanzenheilkunde wurde es früher als Beruhigungsmittel und bei Asthma, Keuchhusten und Seekrankheit eingesetzt. Aber es hatte auch düsterere Anwendungsgebiete: In Shakespeares *Hamlet* wird Hamlets Vater ermordet, indem man ihm ein Gift aus Bilsenkraut ins Ohr träufelt. Auch der englische Giftmörder Dr. Crippen griff bei der Ermordung seiner Frau im Jahr 1910 auf ein Bilsenkrautextrakt zurück.

HYPERICUM PERFORATUM JOHANNISKRAUT

Das in Europa und Westasien heimische Johanniskraut wächst wild in lichten Wäldern sowie auf Wiesen und Brachflächen. Sein Name verweist auf Johannes den Täufer, und seit Jahrhunderten wird es für seine Heilkraft geschätzt. Wichtigstes Anwendungsgebiet des Krauts waren schon immer Nervenleiden, äußerlich wurde es als klassisches Heilmittel verabreicht. Heute weiß man, dass es die depressionshemmenden Wirkstoffe Hypericin und Hyperforin enthält und Viren bekämpft. Deshalb ist das Johanniskraut nach wie vor ein viel verwendetes pflanzliches Heilmittel, das sowohl zur Behandlung von leichten Depressionen als auch äußerlich bei Prellungen, Verbrennungen und Wunden eingesetzt wird. Es wird zu Cremes, Tees, Tropfen und medizinischen Ölen verarbeitet. Als Pflanze ist es nicht sehr anspruchsvoll und ist deshalb ein reizvoller Blickfang für jeden Kräutergarten.

ANDERE NAMEN: Hartheu
FAMILIE: Clusiaceae
HÖHE: 60 cm–1 m
MERKMALE: Winterharte Staude mit kleinen, stängellosen, ovalen Blättern und sternförmigen, fünfblättrigen gelben Blüten
STANDORT: Gut durchlässiger bis trockener Boden; Sonne oder Halbschatten
VERWENDUNG: Medizin, Dekoration

YSOP HYSSOPUS OFFICINALIS

ANDERE NAMEN: Weinespe, Eisenkraut, Josefskraut
FAMILIE: Lamiaceae
HÖHE: 45–60 cm
MERKMALE: Winterharte, sommergrüne Staude mit speerförmigen Blättern in Wirteln und Ähren von blauen, rosafarbenen, violetten oder weißen Blüten
STANDORT: Gut durchlässiger, neutraler bis alkalischer Boden; Sonne
VERWENDUNG: Medizin, Küche, Kosmetik

Diese aromatische Pflanze findet man wild an felsigen Hängen und Mauern in Europa, Westasien und Nordafrika. Der botanische Name *Hyssopus* kommt vom hebräischen *ezob* und bedeutet „Heiliges Kraut". Schon im Alten Testament wird ein Kraut dieses Namens erwähnt. Ob es sich dabei tatsächlich um *Hyssopus officinalis* handelt, ist allerdings fraglich. In der Pflanzenheilkunde wurde er bei Brustschmerzen, Husten und Erkältungen eingesetzt, und der englische Kräutergelehrte Nicholas Culpeper empfahl im 17. Jahrhundert, ihn zusammen mit Feigen zu einer Rachenspülung aufzukochen. Seine leicht bitteren Blätter und Blüten wurden früher auch als Gewürz für Salate, Suppen, Eintöpfe und Würste verwendet. Er ist der wichtigste Geschmackslieferant für den Likör *Chartreuse,* und man braucht ihn zur Herstellung von *Kölnisch Wasser*.

INULA HELENIUM ALANT

Der Alant wächst wild auf Feldern und Brachflächen in Europa und Westasien, wird jedoch auch vielerorts kultiviert. Er hat eine lange Tradition als Heilkraut. Der römische Naturforscher Plinius berichtet von der Empfehlung des römischen Kaisers Augustus, jeden Tag ein wenig Alantwurzel zu sich zu nehmen, da das der Verdauung ebenso zuträglich sei wie der Lebensfreude. Traditionell wurden die dicken Wurzeln zu einem Aufguss verarbeitet, der Husten, Halsschmerzen und Bronchitis lindern, die Verdauung anregen und allgemein stärken sollte. Er wurde außerdem zur Behandlung von Hautproblemen eingesetzt. Vom Mittelalter bis ins 20. Jahrhundert hinein waren kandierte Alantwurzeln als süße Arznei gegen Brustschmerzen und Asthma beliebt. Mit seinen großen, aufrechten Stängeln und dicken, fröhlich gelben Blüten ist er eine beliebte Rabattenpflanze.

ANDERE NAMEN: Großer Heinrich, Helenenkraut, Schlangenwurz, Glockenwurz

FAMILIE: Asteraceae

HÖHE: 3 m

MERKMALE: Winterharte Staude mit spitz zulaufenden, leicht gezähnten grünen Blättern und großen, leuchtend gelben Blütenköpfen

STANDORT: Feuchter, gut durchlässiger Boden; Sonne

VERWENDUNG: Medizin, Dekoration

SCHWERTLILIE

IRIS GERMANICA ‚FLORENTINA'

Die Schwertlilie ist ursprünglich im östlichen Mittelmeergebiet beheimatet, wird heute jedoch vor allem in Kultur gezogen. Das griechische Wort *Iris* bedeutet „Regenbogen" und ist wahrscheinlich ein Hinweis auf die Vielfarbigkeit dieser Pflanzenfamilie. Schon im Altertum wurde die Schwertlilie für ihren nach Veilchen duftenden Wurzelstock geschätzt, den Ägypter, Griechen und Römer gleichermaßen trockneten und zu Salben und Parfüms verarbeiteten. Obwohl bei Verzehr giftig, wurde sie früher zur Behandlung von Husten und Durchfall eingesetzt. Die Schwertlilie ist das Vorbild für die in der Heraldik vielfach verwendete *Fleur de lis*. Heutzutage wird die Pflanze wegen ihres attraktiven Äußeren in Parks und Gärten gepflanzt, während ihre Wurzeln und ihr ätherisches Öl nach wie vor zur Herstellung von Kosmetik und Süßigkeiten verwendet werden.

FAMILIE: Iridaceae
HÖHE: 60–120 cm
MERKMALE: Winterharte Staude mit klingenförmigen grünen Blättern und großen weißen, violett überlaufenen Blüten
STANDORT: Gut durchlässiger, neutraler bis alkalischer Boden; Sonne
VERWENDUNG: Küche, Medizin, Kosmetik, Dekoration

WACHOLDER

JUNIPERUS COMMUNIS

Der Wacholder ist ein Nadelgehölz, das als Baum wie als Strauch in der gesamten nördlichen Hemisphäre vom Mittelmeer bis Nordamerika heimisch ist und seiner aromatischen Beeren wegen überall geschätzt wird. Besonders bekannt sind diese vor allem dafür, dem *Gin*, einem im 16. Jahrhundert in den Niederlanden erfundenen Schnaps, seinen charakteristischen Geschmack zu verleihen. So lässt sich auch der Name dieses hochprozentigen Getränks vom Wacholder herleiten: Auf Niederländisch heißt Wacholder *jenever*, woraus der Name *Genever* entstand, später von den Engländern auf *Gin* verkürzt. Doch schon lange bevor der *Gin* erfunden wurde, war der Wacholder als Heilpflanze bekannt und wurde nicht nur von Ägyptern und Griechen, sondern auch in der indischen ayurvedischen Medizin eingesetzt und ist bis heute gebräuchlich. Übrigens war auch der holländische *Genever* ursprünglich als Heilmittel gegen Nierenbeschwerden gedacht.

ANDERE NAMEN: Machandel, Jachelbeerstrauch
FAMILIE: Cupressaceae
HÖHE: 30 cm–8 m
MERKMALE: Winterharte, immergrüne Staude mit kurzen, spitz zulaufenden, nadelförmigen dunkelgrünen Blättern und kleinen, im Reifezustand blauschwarzen Beeren
STANDORT: Kalkhaltiger Boden auf Heide, Moor, Gebirgszügen und in Nadelwäldern
VERWENDUNG: Medizin, Küche

WEISSE TAUBNESSEL LAMIUM ALBUM

ANDERE NAMEN: Bienensaug, Honigblume
FAMILIE: Lamiaceae
HÖHE: 15–60 cm
MERKMALE: Mehrjähriges Kraut mit speerförmigen, gezähnten, zum Teil weiß gemusterten grünen Blättern und röhrenförmigen weißen Lippenblüten
STANDORT: Feuchter, gut durchlässiger Boden; Sonne oder Halbschatten
VERWENDUNG: Küche, Medizin

Die Weiße Taubnessel wächst wild auf Feldern, an Heckenrändern, auf Brachflächen und an Wegrändern in ganz Eurasien. Sie ist eine Kriechstaude, die auf den ersten Blick sehr der Brennnessel (*Urtica dioica*) ähnelt, tatsächlich jedoch nicht mit ihr verwandt ist. In der Pflanzenheilkunde galt sie als blutungsstillend und wurde vor allem bei Menstruationsbeschwerden und Blutungen nach einer Entbindung verabreicht. Wegen ihrer entzündungshemmenden Wirkung wurde sie traditionell auch als Verband aufgelegt. Ihre jungen Blätter schmecken gekocht als Gemüse oder roh im Salat.

LAURUS NOBILIS LORBEER

Der Lorbeerbaum, der schon von den alten Griechen und Römern verehrt wurde, blickt auf eine ehrwürdige Geschichte zurück. Dem griechischen Sonnengott Apoll, Gott der Musik und der Dichtkunst geweiht, wurden aus seinen Blättern die Lorbeerkränze geflochten, mit denen man Kaiser, Feldherren und Athleten krönte. Dieser Brauch zeichnet sich in seinem botanischen Namen ab, heißt doch *laurus* „Lobpreis" und *nobilis* „berühmt". In der Küche werden die Blätter frisch oder getrocknet als Gewürz verwendet, sie sind fester Bestandteil der französischen Kräutermischung *bouquet garni*. Lorbeerblätter prägen mit ihrem säuerlich herben Geschmack eine ganze Reihe von Gerichten, von Eintöpfen über Nudelsoßen bis hin zum eingelegten Fisch. Früher diente er auch als Streukraut, Insektenschutzmittel und der Behandlung von Verdauungsproblemen.

ANDERE NAMEN: Küchenlorbeer
FAMILIE: Lauraceae
HÖHE: Bis 18 m
MERKMALE: Immergrüner Baum mit glatten, glänzenden, ovalen dunkelgrünen Blättern und kleinen hellgelben Blüten, gefolgt von lilaschwarzen Beeren
STANDORT: Fast alle Böden; Sonne bis Halbschatten
VERWENDUNG: Küche, Medizin, Insektenschutz

LAVENDEL

LAVANDULA ANGUSTIFOLIA

Schon lange wegen seiner wohlriechenden Blüten und Blätter bekannt und geschätzt, wird der Lavendel heutzutage großflächig kultiviert. In Frankreich wird er vor allem zur Gewinnung von ätherischem Öl, das man zur Herstellung von Parfüms, Seifen und Ölen braucht, angebaut. Darüber hinaus ist er eine beliebte Gartenpflanze. Die alten Griechen und Römer setzten dem Badewasser Lavendel zu – daher der lateinische Name, der sich von *lavare* („waschen") ableitet. Wegen seiner abschreckenden Wirkung auf Insekten, vor allem Motten, wurde er traditionell auf dem Boden verstreut und als Duftspender in den Wäscheschrank gelegt. Kleine Lavendelsäckchen für Schrank und Schublade sind auch heute noch beliebt. Als Lösung eingenommen, wirkt Lavendel beruhigend, und in der Aromatherapie wird er gegen Kopfschmerzen und zur Entspannung eingesetzt. Als Küchenkraut dagegen ist er eher weniger gebräuchlich.

ANDERE NAMEN: Lavander, Blafendel
FAMILIE: Lamiaceae
HÖHE: Bis 1 m
MERKMALE: Winterharte Staude mit schmalen graugrünen Blättern und Ähren von winzigen violetten Blüten
STANDORT: Gut durchlässiger Boden; Sonne
VERWENDUNG:
Küche, Medizin, Kosmetik, Insektenschutz

KRESSE LEPIDIUM SATIVUM

FAMILIE: Brassicaceae
HÖHE: 20–40 cm
MERKMALE: Einjähriges Kraut mit länglichen bis rundlichen grünen Blättern und vierblättrigen weißen Blüten
STANDORT: Gut durchlässiger Boden; Sonne oder Halbschatten
VERWENDUNG: Küche, Medizin

Die ursprünglich in Westasien beheimatete Kresse wird heutzutage wegen ihrer essbaren, würzigen Blättchen fast überall angebaut. In der ayurvedischen Medizin wird sie zur Behandlung einer ganzen Reihe von Beschwerden eingesetzt, darunter Verdauungsprobleme, Husten, Asthma und rheumatische Schmerzen. Im Westen kennt man sie vor allem als Küchenkraut. Dank ihres schnellen Wachstums lässt sie sich problemlos aus Samen ziehen. Die zarten jungen Keimlinge werden abgeschnitten und frisch gegessen. Sie passen hervorragend zu Eierspeisen, Salaten und Suppen, schmecken aber auch einfach auf dem Butterbrot ganz köstlich. Beliebt sind sie auch als Garnitur.

LEVISTICUM OFFICINALE LIEBSTÖCKEL

Liebstöckel ist im Mittelmeerraum heimisch und wächst wild auf Bergwiesen und an Flüssen. Sein volkstümlicher Name verweist auf seine lange Tradition als Aphrodisiakum. Schon bei den alten Griechen und Römern wurde er als Küchenkraut verwendet, und auch in den Klostergärten des Mittelalters hatte er seinen festen Platz. In der Pflanzenheilkunde wurden seine würzigen Samen gegen Verdauungsprobleme gekaut, Wurzelaufgüsse linderten Gelbsucht und Blasenbeschwerden, und seine duftenden Blätter wurden wegen ihrer schweiß- und entzündungshemmenden Wirkung geschätzt. Heutzutage kennt man ihn vor allem als Küchenkraut. Geschmacklich ähnelt er dem Sellerie. Seine Blattstängel und Stiele können blanchiert gegessen werden, seine klein geschnittenen Blätter würzen Suppen und Salate, schmecken aber auch gekocht als Gemüse.

ANDERE NAMEN: Maggikraut, Leverstock, Lichtstöckel
FAMILIE: Apiaceae
HÖHE: 2 m
MERKMALE: Winterharte Staude mit geteilten grünen Blättern und winzigen grünlich-gelben Blüten
STANDORT: Nährstoffreicher, feuchter Boden; Sonne oder Halbschatten
VERWENDUNG: Küche, Medizin

FLACHS

LINUM USITATISSIMUM

Der Flachs ist eine der ältesten Kulturpflanzen überhaupt und wurde bereits um 5000 v. Chr. angebaut. In ägyptischen Gräbern wurden Leinsamen und Leinenstoffe gefunden, und die germanische Mythologie berichtet, dass die Menschen die Kunst des Flachsspinnens und Leinenwebens von einer Göttin geschenkt bekamen. Aber auch die medizinische Nutzung des Flachses hat eine lange Tradition. Flachs- bzw. Leinsamen z. B. wirken beruhigend und gesundheitsfördernd, und schon im achten Jahrhundert ordnete Karl der Große an, seine Untertanen sollten für ihre Gesundheit Leinsamen einnehmen. Leinsamen und Leinöl werden unter anderem bei Verstopfung, Husten, Halsschmerzen und Erkältungskrankheiten verabreicht. Als Umschlag lindern sie z. B. Verbrennungen. In der Küche backt man aus Leinsamen Brot, streut sie über den Salat oder mischt sie unter Müsli. Untersuchungen haben gezeigt, dass Leinöl reich an essenziellen Fettsäuren ist, die gegen Schlaganfall und Herzinfarkt schützen.

ANDERE NAMEN: Lein, Saatlein
FAMILIE: Linaceae
HÖHE: 80–120 cm
MERKMALE: Einjährige Pflanze mit schmalen graugrünen Blättern und tellerförmigen dunkelblauen Blüten
STANDORT: Gut durchlässiger bis trockener, sandiger Boden; Sonne
VERWENDUNG: Küche, Medizin

GEISSBLATT

LONICERA PERICLYMENUM

Das Geißblatt ist auf der gesamten nördlichen Erdhalbkugel zu Hause. Wild wächst es in Hecken und Wäldern, es wird aber auch ausgiebig kultiviert. Es ist bekannt für den besonders süßen Nektar, den man aus seinen Blüten saugen kann. Seines herrlichen Duftes wegen ist es heutzutage auch als Zierpflanze sehr beliebt. In der traditionellen Naturheilkunde wurde es als schleimlösendes, entzündungshemmendes und harntreibendes Mittel eingesetzt. Im 16. Jahrhundert empfahl der englische Kräuterkundler John Gerard eine Salbe aus Geißblattblüten als Arznei gegen „kalte Körper". Im Volksgut wird das Geißblatt wegen seines schweren Duftes häufig mit Liebe und Hochzeit in Verbindung gebracht. Die geruchsintensiven Blüten werden zu Potpourris, Duftkissen und Körperpflegeprodukten verarbeitet.

ANDERE NAMEN: Waldgeißblatt, Waldheckenkirsche
FAMILIE: Caprifoliaceae
HÖHE: Bis 10 m
MERKMALE: Winterharte, immergrüne Kletterpflanze mit paarweise angeordneten, ovalen grünen Blättern und trompetenförmigen gelben Blüten
STANDORT: Gut durchlässiger Boden; Sonne oder Halbschatten
VERWENDUNG: Medizin, Kosmetik, Dekoration

BLUTWEIDERICH LYTHRUM SALICARIA

FAMILIE: Lythraceae
HÖHE: 60–1,5 m
MERKMALE: Winterharte Staude mit lanzettförmigen grünen Blättern und Ähren von purpurfarbenen Blüten
STANDORT: Feuchter, neutraler bis alkalischer Boden oder flaches Wasser; Sonne oder Halbschatten
VERWENDUNG: Medizin

Der Blutweiderich ist in Europa, Asien und Nordafrika heimisch. Er bevorzugt Feuchtgebiete und Marschland. Sein botanischer Name *Lythrum* kommt vom griechischen *lythron* („Blut") und bezieht sich entweder auf die Farbe seiner Blüten oder auf seine Heilwirkung. Er hat eine lange Tradition als Heilkraut, und schon Kräuterkundler Nicholas Culpeper empfahl ihn im 17. Jahrhundert zur Behandlung von Augenentzündungen. Weil der Blutweiderich Blutungen stillt, wurde er sowohl äußerlich bei Wunden und Entzündungen der Haut als auch innerlich, etwa zur Behandlung von starken Menstruationsblutungen und Nasenbluten, verabreicht. Wissenschaftliche Untersuchungen haben gezeigt, dass er gegen die Erreger von Typhus und anderen fiebrigen Erkrankungen wirkt.

MARRUBIUM VULGARE ANDORN

Der Andorn wächst auf Weide- und Brachland sowie an Wegrändern im europäischen Mittelmeerraum und in Zentralasien. Der botanische Name *Marrubium* leitet sich vom hebräischen *marrob* („bitteres Kraut") ab, denn der Andorn ist eines der fünf bitteren Kräuter, die traditionell während des jüdischen Passahfestes gegessen werden. Die Pflanze enthält einen Bitterstoff, das Marrubin, der stark schleimlösend wirkt. Deshalb wurde sie schon im Alten Ägypten als Hustenmittel eingesetzt. Kandierter Andorn war lange Zeit als frühe Form des Husten- und Halsbonbons gebräuchlich. Die Pflanze ist außerdem für ihre beruhigende Wirkung auf das Herz bekannt. Zu ihren kulinarischen Verwendungszwecken gehört die Aromatisierung von Kräuterbieren und -likören.

ANDERE NAMEN: Dorant, Mauerandorn
FAMILIE: Lamiaceae
HÖHE: 20–60 cm
MERKMALE: Winterharte Staude mit flaumigen, gezähnten graugrünen Blättern und Stängeln sowie kleinen, haarigen cremefarbenen Blüten
STANDORT: Gut durchlässiger bis trockener, neutraler bis alkalischer Boden; Sonne
VERWENDUNG: Küche, Medizin

MELISSE

MELISSA OFFICINALIS

Der charakteristische Zitronenduft, den die Melisse verströmt, wenn man ihre Blätter reibt, macht sie zu einer beliebten, wenig anspruchsvollen Gartenpflanze. Der botanische Name *Melissa* stammt aus dem Griechischen und bedeutet „Honigbiene". Er verweist auf die Beliebtheit der Pflanze bei den Bienen. Im Laufe der Zeit wurde die Melisse für die verschiedensten medizinischen Zwecke verwendet: Die Römer schätzten ihre belebende Wirkung, im Mittelalter wurde sie zu Tees und Salben verarbeitet, ihre stimmungsaufhellende Wirkung ist seit Jahrhunderten bekannt. So schrieb der englische Autor John Evelyn schon im 17. Jahrhundert: „Melisse ist ein Allheilmittel für den Kopf. Sie stärkt das Gedächtnis und vertreibt die Schwermut." In der Aromatherapie wird sie noch heute eingesetzt, um Depressionen zu behandeln. In der Küche verfeinert ihr zartes Zitronenaroma Salate, Rohkost und die unterschiedlichsten Fleischgerichte.

ANDERE NAMEN: Zitronenmelisse, Englische Brennnessel, Hasenohr, Herzkraut
FAMILIE: Lamiaceae
HÖHE: 30–60 cm
MERKMALE: Winterharte Staude mit gezähnten, fast herzförmigen hellgrünen Blättern und kleinen gelbweißen Blüten
STANDORT: Nährstoffreicher Boden; Sonne oder Halbschatten
VERWENDUNG: Medizin, Küche

POLEIMINZE MENTHA PULEGIUM

ANDERE NAMEN: Polei
FAMILIE: Lamiaceae
HÖHE: 10–20 cm
MERKMALE: Winterharte Staude mit elliptischen bis ovalen hellgrünen Blättern und kleinen purpurfarbenen Blüten
STANDORT: Nährstoffreicher, feuchter Boden; Sonne oder Halbschatten
VERWENDUNG: Medizin, Insektenschutz, Küche

Die Poleiminze ist eine in Europa und Nordafrika heimische Kriechstaude. Sie wird gerne als Bodendecker und zum Schutz vor Ameisen gepflanzt. Oft wächst sie zwischen Pflastersteinen. Wie viele andere Minzen ist sie wenig anspruchsvoll und breitet sich schnell aus. Der Name *pulegium* stammt vom lateinischen *pulex* („Floh") und erinnert daran, dass die Pflanze wegen ihres unangenehmen Geruchs lange dazu verwendet wurde, Flöhe und anderes Ungeziefer zu vertreiben. Der Saft ihrer Blätter, auf die Haut aufgetragen, schützt vor Insektenstichen. Eingenommen kann das Öl der Poleiminze Fehlgeburten verursachen. Der englische Kräuterkundler John Gerard berichtete im 16. Jahrhundert, dass die Blätter der Poleiminze auf Seereisen die Wasservorräte frisch hielten. In England und Spanien werden traditionell Würstchen mit Poleiminze gewürzt.

MENTHA X PIPERITA PFEFFERMINZE

Als Kreuzung aus Grüner Minze und Wasserminze hat die Pfefferminze ein besonders intensives, frisches Aroma. Ihr hoher Mentholanteil bewirkt das charakteristische Geschmackserlebnis: erst scharf, dann kühl. Aus diesem Grund ist Pfefferminzöl ein beliebter Bestandteil von Zahnpasten, Süßigkeiten wie Kaugummis und Minzbonbons oder Rasierwassern. Beim Kochen wird eher Pfefferminzöl als frische Pfefferminze verwendet. Wie alle Minzen hat auch die Pfefferminze eine verdauungsfördernde, den Atem erfrischende Wirkung, weshalb Pfefferminzbonbons besonders nach dem Essen genossen werden. Darüber hinaus soll sie krampflösend, schwellungslindernd und entzündungshemmend wirken. Wie andere Minzarten ist auch die Pfefferminze leicht zu kultivieren, sollte aber in einem Topf gezogen werden, damit sie nicht zu sehr wuchert.

FAMILIE: Lamiaceae
HÖHE: Bis 90 cm
MERKMALE: Mehrjährige Pflanze mit gezähnten dunkelgrünen und rötlichen Blättern und kleinen violetten Blüten
STANDORT: Feuchter, lockerer Boden; Sonne oder Halbschatten
VERWENDUNG: Küche, Medizin

GRÜNE MINZE

MENTHA SPICATA

Die Grüne Minze, eine der bekannteren Minzarten, ist seit Langem wegen ihres erfrischenden Geruchs und Geschmacks beliebt. *Mintha*, die griechische Namensgeberin, war eine Nymphe, die der Sage nach von der Göttin der Unterwelt in ein duftendes Kraut verwandelt wurde. In England ist sie auch in der Küche sehr beliebt, würzt Pellkartoffeln und Erbsen, wird zu Minzsoße und Gelee verarbeitet und ist eine klassische Beilage zu gebratenem Lamm. Als winterharte Pflanze ist sie sehr leicht zu ziehen, man sollte sie jedoch in Töpfen züchten, denn sie neigt zum Wuchern. Wie ihre Schwester, die Pfefferminze, wird auch die Grüne Minze von jeher wegen ihrer den Atem erfrischenden und verdauungsfördernden Wirkung geschätzt, und schon im Mittelalter wurde nach dem Essen traditionell Minztee serviert. Damals wurde sie auch auf dem Boden von Lagern verstreut, um Ratten und Mäuse von den Vorräten fernzuhalten.

ANDERE NAMEN: Ährenminze, Katzenkraut, Balsam
FAMILIE: Lamiaceae
HÖHE: Bis 90 cm
MERKMALE: Winterharte Staude mit lanzettförmigen grünen Blättern und Ähren von kleinen blassvioletten, rosafarbenen oder weißen Blüten
STANDORT: Feuchter, leichter Boden; Sonne oder Halbschatten
VERWENDUNG: Küche, Medizin, Insektenschutz

INDIANERNESSEL

MONARDA DIDYMA

Diese auffällig blühende Staude ist in Nordamerika zu Hause, wo sie in Waldgebieten und an Flüssen wächst. Als Gartenpflanze ist sie heute überall auf der Welt beliebt. Der volkstümliche Name „Indianernessel" verweist auf ihre lange Tradition als Heilkraut der nordamerikanischen Ureinwohner. „Bergamotte" bezieht sich auf ihren Duft, der dem der Bergamottorange ähnelt. Die amerikanischen Indianer extrahierten und inhalierten das Öl der Pflanze bei Atemwegserkrankungen. Gebräuchlich war auch ein Tee, der bis heute unter dem Namen *Oswegotee*, benannt nach dem Stamm der Oswego-Indianer, bekannt ist. Dieser Tee wurde zur amerikanischen Kolonialzeit weithin verbreitet, als der indische Schwarztee nach der berühmten *Boston Tea Party* von den Siedlern boykottiert wurde. Beim Kochen würzen die Blätter und Blüten, sparsam verwendet, Salate, Füllungen, Limonaden und Soßen.

ANDERE NAMEN: Bergamotte, Goldmelisse, Scharlach-Indianernessel
FAMILIE: Lamiaceae
HÖHE: 40–120 cm
MERKMALE: Winterharte Staude mit ovalen bis lanzettförmigen, gezähnten, rauen dunkelgrünen Blättern und klauenförmigen hellroten Lippenblüten
STANDORT: Nährstoffreicher, feuchter Boden; Sonne
VERWENDUNG: Medizin, Küche, Dekoration

CURRYBAUM

MURRAYA KOENIGII

Dieser ursprünglich in Indien, Bangladesch und Sri Lanka beheimatete Strauch wird heutzutage in vielen tropischen Ländern gezüchtet. Der Name „Currybaum" stammt vom tamilischen *kari* ab, was „würzige Soße" bedeutet. In Südasien wird die Pflanze seit Langem sowohl wegen ihrer kulinarischen als auch wegen ihrer heilenden Eigenschaften geschätzt. In der traditionellen Pflanzenmedizin dieser Region wird sie genutzt, um Verdauungsprobleme, Hautleiden und Diabetes zu behandeln, und Untersuchungen haben gezeigt, dass sie in der Tat Wirkstoffe enthält, die einer Diabetes entgegenwirken. Schon in der tamilischen Literatur der ersten Jahrhunderte n. Chr. werden die aromatischen Blätter als Würze beschrieben, und bis heute prägen sie die asiatische Küche. Traditionell werden ganze frische Blätter in Curry- oder Dhalgerichten mitgekocht. Der Currybaum erfreut sich auch als dekorative Gartenpflanze großer Beliebtheit.

ANDERE NAMEN: Curry-Orangenraute
FAMILIE: Rutaceae
HÖHE: 6 m
MERKMALE: Feingliedriger, immergrüner Strauch mit dunkelgrüner Rinde, paarig gefiederten grünen Blättern und kleinen cremeweißen Blüten
STANDORT: Feuchter, humusreicher, gut durchlässiger Boden; Sonne oder Halbschatten
VERWENDUNG: Küche, Medizin, Dekoration

SÜSSDOLDE MYRRHIS ODORATA

Andere Namen: Aniskerbel, Myrrhenkerbel
Familie: Apiaceae
Höhe: 1–2 m
Merkmale: Winterharte Staude mit farnartigen hellgrünen Blättern und Dolden von kleinen weißen Blüten
Standort: Feuchter, humusreicher Boden; Sonne oder Schatten
Verwendung: Küche, Medizin, Dekoration

Die Süßdolde wächst in ganz Europa wild auf Wiesen, in Wäldern und an Hecken. Ihr botanischer Name *odorata* leitet sich vom lateinischen *odorus* ab, was so viel heißt wie „duftend". Sie wird seit Jahrhunderten sowohl als Heilpflanze als auch als Küchenkraut gezüchtet. Der englische Kräuterkundler John Gerard empfahl sie im 16. Jahrhundert zur Behandlung von Husten, Schwindsucht, Verdauungsstörungen sowie zur Stärkung. Die Wurzeln können gekocht als Gemüse oder roh im Salat verzehrt werden. Die Blätter der Süßdolde haben einen süßlichen, anisähnlichen Geschmack. Sie gehören traditionell zum französischen Gewürzbündel *bouquet garni*. Zu Suppen, Eintöpfen, Salaten und als besondere Note an Fruchtsalaten schmecken sie ganz köstlich. Auch ihre Samen passen gut zu Früchten. Mit ihren zarten Blättern und Blüten sieht sie nicht nur im Kräutergarten gut aus.

MYRTUS COMMUNIS MYRTE

Dieser duftend blühende Strauch ist ursprünglich in Gebüschen des Mittelmeerraums und Südwesteuropas zu Hause, heutzutage findet man ihn jedoch häufiger als Kulturstrauch. Im Griechenland der Antike war die Myrte der Liebesgöttin Aphrodite geweiht und wurde deshalb in der Nähe ihrer Tempel gepflanzt. Aus diesem Grund wird sie im Nahen Osten bis heute in traditionelle Brautsträuße eingebunden. Als Heilpflanze gilt die Myrte als reizlindernd und schleimlösend, neuere Untersuchungen haben sogar gezeigt, dass sie antibiotisch wirkt. Früher aß man Myrtenbeeren, um den Atem zu erfrischen. Ihre Blätter, Blüten und Beeren verleihen Schinken, Soßen und Fleischgerichten ein ganz spezielles Aroma. Als Gewürz ist die Myrte auf den Mittelmeerinseln Korsika und Sardinien besonders beliebt.

ANDERE NAMEN: Brautmyrte
FAMILIE: Myrtaceae
HÖHE: 3 m
MERKMALE: Dichter, immergrüner Strauch mit glatten, spitz zulaufenden dunkelgrünen Blättern und sternförmigen weißen Blüten, gefolgt von blauschwarzen Beeren
STANDORT: Gut durchlässiger, neutraler bis alkalischer Boden; Sonne
VERWENDUNG: Küche, Medizin, Dekoration

BRUNNENKRESSE

NASTURTIUM OFFICINALE (RORIPPA NASTURTIUM-AQUATICUM)

Die Brunnenkresse wächst in Europa und Asien wild im flachen Wasser von Strömen, Flüssen und Bächen, wird aber auch überall angebaut. Der botanische Name geht auf das lateinische *nasus tortus* („krumme Nase") zurück und spielt auf den durchdringenden Geruch der Pflanze an. Seit Urzeiten werden ihre würzigen Blätter gegessen, nicht nur wegen ihres Geschmacks, sondern auch wegen ihrer gesundheitsfördernden Wirkung. Der griechische Feldherr Xenophon verschrieb sie seinen Soldaten zur Stärkung, der berühmte griechische Arzt Hippokrates als Husten- und Aufputschmittel. Die Brunnenkresse ist reich an den Vitaminen A und C, Eisen und anderen Mineralstoffen. Heutzutage wird sie vornehmlich als Küchenkraut verwendet. Sie schmeckt frisch oder gekocht in Salaten und Suppen und dient als Garnitur besonders für Fleisch- und Geflügelgerichte.

Andere Namen: Bornkass, Bornkersch
Familie: Brassicaceae
Höhe: 10–65 cm
Merkmale: Wasserliebende, immergrüne Staude mit glänzenden, in drei bis fünf Paare von ovalen Blättchen gefiederten dunkelgrünen Blättern und kleinen, vierblättrigen weißen Blüten
Standort: Flaches, fließendes, leicht alkalisches Wasser; Sonne
Verwendung: Küche, Medizin

KATZENMINZE

NEPETA CATARIA

Die Katzenminze ist in Europa, Ost- und Westasien in der Nähe von Flüssen und an Wegrändern zu Hause. Ihr deutscher Name Katzenminze erinnert an ihre bekannte Wirkung auf Katzen aller Art einschließlich Löwen und Tigern, die an ihren Blättern knabbern und sich mit großem Wohlbehagen auf der Pflanze herumwälzen. Ursache hierfür ist wahrscheinlich eines ihrer ätherischen Öle, das Nepetalacton, dessen Duft dem eines Sexualpheromons der Katzen ähnelt. Trotz ihrer anregenden Wirkung auf Katzen wurde die Katzenminze in der traditionellen Kräutermedizin als Beruhigungsmittel, meist in Form eines Aufgusses, verabreicht. Sie sollte gegen Unruhezustände, Schlaflosigkeit, Magenverstimmungen, Erkältungen und Grippe helfen. Die Katzenminze schmeckt mit ihrem leichten Minzaroma gut als Tee, zu Salaten, Soßen und Eintöpfen. Heute wird das Kraut jedoch hauptsächlich zur Herstellung von Katzenspielzeug angebaut.

FAMILIE: Lamiaceae
HÖHE: 30 cm–1,5 m
MERKMALE: Winterharte Staude mit ovalen, gezähnten graugrünen Blättern und Quirlen von kleinen weißen oder violetten Blüten
STANDORT: Feuchter, gut durchlässiger Boden; Sonne
VERWENDUNG: Küche, Medizin

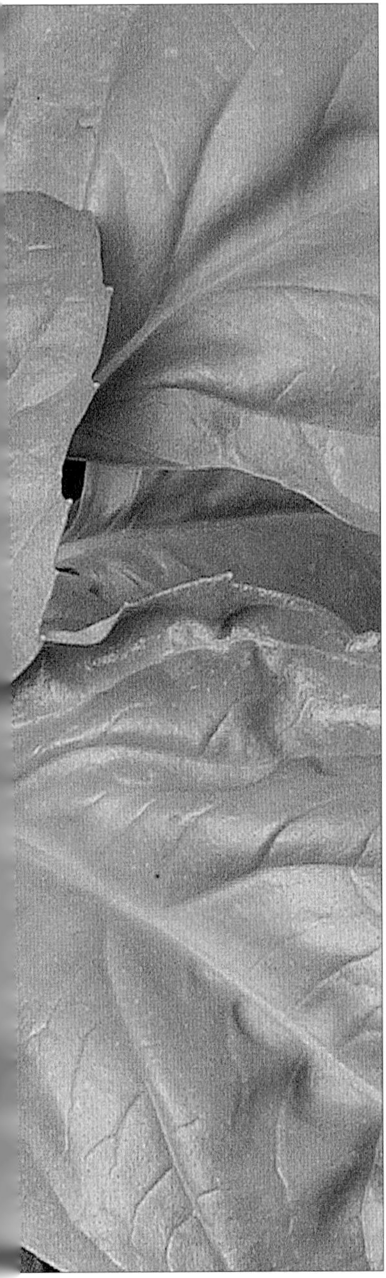

BASILIKUM

OCIMUM BASILICUM

Das Basilikum, das heute überall auf der Welt in vielen verschiedenen Sorten angebaut wird, ist wohl in Indien und dem Nahen Osten heimisch. Viele Legenden ranken sich um dieses intensiv duftende, üppige Kraut. So soll nach Christi Auferstehung um dessen Grab herum Basilikum gewachsen sein, was es zu einem Symbol der Liebe machte. Andere Mythen sind nicht so positiv: Man glaubte, dass es Skorpione nähre, und bei den alten Griechen und Römern war es Sinnbild für Armut und Unglück. In kulinarischer Hinsicht kommt es vor allem in der mediterranen Küche zum Einsatz. Besonders bekannt ist seine Funktion als Hauptbestandteil des *Pesto*, einer Soße aus Basilikum, Knoblauch, Pinienkernen, Parmesankäse und Olivenöl, die ursprünglich aus der italienischen Hafenstadt Genua stammt – daher der Beiname *Genovese*. Traditionelle medizinische Anwendungsgebiete reichen vom Abführ- bis zum Hustenmittel.

ANDERE NAMEN: Basilienkraut
FAMILIE: Lamiaceae
HÖHE: Bis 50 cm
MERKMALE: Buschige, einjährige Pflanze mit ovalen hellgrünen Blättern und Quirlen von winzigen weißen Blüten
STANDORT: Nährstoffreicher, gut durchlässiger Boden; Sonne
VERWENDUNG: Küche, Medizin

NACHTKERZE OENOTHERA BIENNIS

ANDERE NAMEN: Nachtschlüsselblume, Eierblume, Gelbe Rapunzel, Hustenblume
FAMILIE: Onagraceae
HÖHE: 1–1,5 m
MERKMALE: Winterharte, zweijährige Pflanze mit langen, ovalen oder lanzettförmigen dunkelgrünen Blättern und großen, schüsselförmigen gelben Blüten
STANDORT: Gut durchlässiger bis trockener Boden; Sonne
VERWENDUNG: Medizin

Die Nachtkerze kommt aus Nordamerika, wo sie wild an Uferböschungen, auf Dünen, Brachflächen und Feldern wächst. Sie wird aber auch kultiviert. Ihr deutscher Name erinnert daran, dass sie erst am frühen Abend ihre duftenden gelben Blüten öffnet. Die amerikanischen Ureinwohner schätzen die Nachtkerze von jeher als Heilpflanze. Sie behandelten Hautkrankheiten und Prellungen damit. Auch heute noch ist sie als Heilkraut gebräuchlich und wird z. B. gegen prämenstruelle Beschwerden und äußerlich gegen Ekzeme verwendet. Sie wird außerdem bei Katerzuständen, rheumatischer Arthritis und Depressionen verabreicht. Untersuchungen haben gezeigt, dass die ätherischen Öle der Nachtkerze reich an essenziellen Gamma-Fettsäuren sind. Deshalb besteht großes pharmazeutisches Interesse an der Pflanze.

ORIGANUM MAJORANA MAJORAN

Der Majoran, der wild an geschützten, sonnigen Stellen in Südeuropa, Nordafrika und der Türkei wächst, wird heute weltweit wegen seiner aromatischen Blätter angebaut. Einer seiner volkstümlichen Namen ist „Wurstkraut", ein Verweis auf seine Verwendung zum Würzen von Wurstbrät. Als Heilkraut hat er eine entspannende, wärmende Wirkung und wird bei Bronchialbeschwerden, Kopfschmerz und Schlaflosigkeit eingenommen. In erster Linie ist der Majoran jedoch als Küchenkraut geläufig. Seine aromatischen Blätter und Blüten mit ihrem zarten Duft und dem süßlichen Geschmack würzen frisch oder getrocknet Würste, Salate, Eierspeisen und Soßen und sind fester Bestandteil des traditionellen *bouquet garni*. Getrockneter Majoran ist auch für Potpourris sehr beliebt.

ANDERE NAMEN: Mairal, Wurstkraut
FAMILIE: Lamiaceae
HÖHE: 60 cm
MERKMALE: Mehrjährige Pflanze mit weichen, ovalen graugrünen Blättern und winzigen weißen bis rosafarbenen Blüten
STANDORT: Gut durchlässiger, normaler bis nährstoffreicher Boden; Sonne
VERWENDUNG: Küche, Medizin

OREGANO

ORIGANUM VULGARE

Der Oregano ist bei uns in Europa heimisch. Er bevorzugt trockene, kalkhaltige Böden und wächst vor allem an trockenen Hängen und an Hecken. Sein botanischer Name setzt sich aus den griechischen Wörtern *oros* („Berg") und *ganos* („Freude") zusammen. In der Heilkunde nutzten die Griechen ihn gegen Vergiftungen sowie als Desinfektions- und Konservierungsmittel. Heutzutage wird das aromatische Kraut mit seinem intensiven Geschmack hauptsächlich in der Küche verwendet. Allem voran ist es ein fester Bestandteil der mediterranen Küche, wo es in getrockneter Form italienischen Tomatensoßen ebenso wie herzhaften griechischen Eintöpfen Würze verleiht. Das Öl des Oregano wird bei der Herstellung von Hygieneartikeln und Parfüms genutzt.

ANDERE NAMEN: Wilder Dost, Wilder Majoran
FAMILIE: Lamiaceae
HÖHE: 30–90 cm
MERKMALE: Winterharte Staude mit ovalen grünen Blättern auf rötlichen Stielen und dichten Blütenständen von rötlich violetten Blüten
STANDORT: Gut durchlässiger bis trockener, neutraler bis alkalischer Boden; Sonne
VERWENDUNG: Küche, Medizin, Kosmetik

SCHLAFMOHN

PAPAVER SOMNIFERUM

Andere Namen: Blaumohn, Gartenmohn, Ölmohn
Familie: Papaveraceae
Höhe: 30 cm–1,5 m
Merkmale: Einjährige Pflanze mit tief gezähnten graugrünen Blättern und großen weißen, rosafarbenen oder violetten Blüten
Standort: Gut durchlässiger Boden; Sonne
Verwendung: Küche, Medizin

Der Schlafmohn, der ursprünglich aus dem Mittelmeerraum und Westasien stammt, ist heute vielerorts heimisch, wird aber auch angebaut. Sein botanischer Name *somniferum* („einschläfernd") kommt aus dem Lateinischen und ist ein Verweis auf seine betäubende Wirkung. Er wird seit vielen Jahrhunderten als Beruhigungsmittel genutzt und war als solches schon den alten Ägyptern, Sumerern und Griechen bekannt. Aus Schlafmohn werden sowohl Opium als auch Morphium hergestellt, weshalb sein Anbau in vielen Ländern streng kontrolliert wird. Die Mohnsamen jedoch sind frei von betäubenden Wirkstoffen und werden in Backwaren und Kuchen, aber beispielsweise auch zum Binden von Currys verwendet. Kalt gepresstes Mohnöl eignet sich hervorragend zur Zubereitung von Salatdressings.

ROSENPELARGONIE

PELARGONIUM CAPITATUM

Diese kleine, stark wuchernde Staude, die ursprünglich aus Südafrika stammt, ist heutzutage als Gartenpflanze überall zu finden. Trotz einiger Ähnlichkeit, auf die auch ihr anderer landläufiger Name „Rosengeranie" verweist, gehört die Pflanze zur Gattung der Pelargonien, nicht zu der der Geranien. Duftpelargonien wurden im 17. Jahrhundert in Europa eingeführt und werden seitdem wegen ihrer schönen Blüten und duftenden Blätter in vielen verschiedenen Varianten gezüchtet. In Südafrika wurde die Pflanze in der traditionellen Medizin gegen Nieren- und Verdauungsbeschwerden eingesetzt. Ihr stark nach Rosen duftendes Öl wird in der Aromatherapie sowie zur Herstellung von Parfüms und anderen kosmetischen Produkten verwendet.

ANDERE NAMEN: Rosenduftpelargonie, Rosengeranie
FAMILIE: Geraniaceae
HÖHE: 30–90 cm
MERKMALE: Zarte Staude mit samtigen, handförmig gelappten Blättern und Blütenständen von rosafarbenen bis blassvioletten Blüten
STANDORT: Gut durchlässiger, neutraler bis alkalischer Boden; Sonne
VERWENDUNG: Medizin, Kosmetik, Dekoration

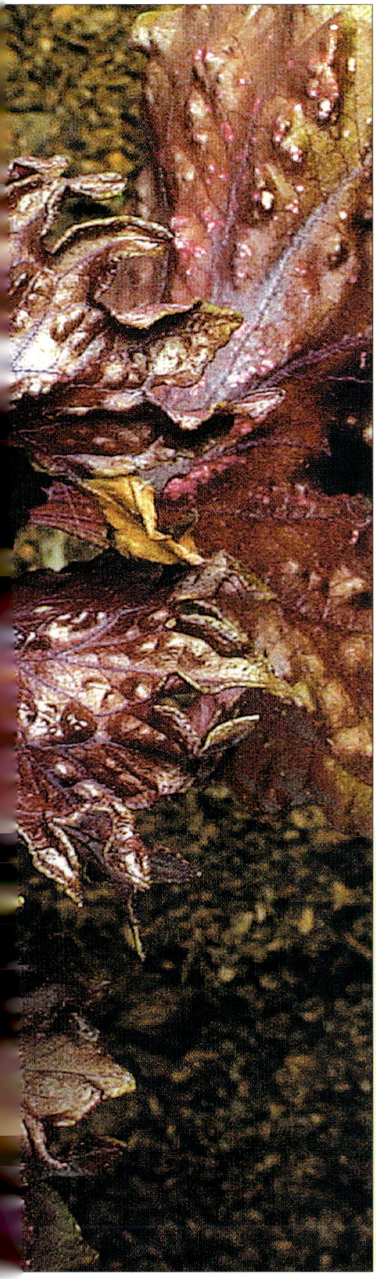

SCHWARZNESSEL

PERILLA FRUTESCENS

Die Schwarznessel ist vom Himalaja bis Japan heimisch, in ganz Ostasien wird sie ihrer geschmacksintensiven Blätter wegen als Küchenpflanze kultiviert. Quellen belegen, dass ihre Stängel in China bereits im Jahr 500 n. Chr. gegen Morgenübelkeit verabreicht wurden. In der traditionellen chinesischen Medizin wird sie vielseitig eingesetzt, unter anderem gegen Erkältungen, Husten, Lebensmittelvergiftung, Verstopfung und allergische Reaktionen auf Meeresfrüchte. Als Küchenkraut ist sie besonders in Japan beliebt, frisch als Garnitur für Salate und eingelegt als Gewürz. Die „roten“ (eigentlich violetten) Blätter geben den berühmten eingelegten japanischen Aprikosen (*umeboshi*) Farbe und Geschmack. Zur Gewinnung von Speiseöl werden außerdem die Samen der Perilla geröstet und gemahlen.

Andere Namen: Shiso, Perilla
Familie: Lamiaceae
Höhe: 60 cm–1,2 m
Merkmale: Einjährige Pflanze mit ovalen, tief gesägten grünen, manchmal violett gemusterten Blättern und Ähren von winzigen weißen bis rosafarbenen Blüten
Standort: Gut durchlässiger, feuchter, fruchtbarer Boden; Sonne oder Halbschatten
Verwendung: Küche, Medizin

PETERSILIE

PETROSELINUM CRISPUM

Die Petersilie gehört wohl zu den bekanntesten Kräutern überhaupt, denn sie ist als Garnitur allgegenwärtig. Die wenigsten wissen jedoch, dass die Petersilie früher auch als Heilkraut Verwendung fand. Der englische Kräuterkenner Nicholas Culpeper würdigte sie im 17. Jahrhundert als vielseitige Arzneipflanze, die unter anderem Leber- und Nierenleiden kuriere. Die Petersilie hatte aber auch schon immer einen festen Platz in Volksgut und Mythologie. Die alten Griechen z. B. schmückten ihre Gräber mit Petersilie, die Römer trugen Petersilienkränze, um sich vor Vergiftungen zu schützen. Wegen ihres unaufdringlichen, frischen Geschmacks wird sie überall als Küchenkraut verwendet. Sie ist eines der Kräuter des traditionellen *bouquet garni*, gehört in die *Frankfurter Grüne Soße*, wird gern zu Fisch oder Pellkartoffeln gegessen und in die Kräuterbutter gemischt. Sie ist reich an den Vitaminen C und A sowie an Eisen.

ANDERE NAMEN: Peterle, Suppenkraut
FAMILIE: Apiaceae
HÖHE: 30–40 cm
MERKMALE: Winterhartes, zweijähriges Kraut mit dichten Köpfen von kleinen, kraus gezähnten grünen Blättern und flachen Dolden von cremeweißen Blüten
STANDORT: Fruchtbarer, gut durchlässiger Boden; Sonne oder Halbschatten
VERWENDUNG: Küche, Medizin

BLATTPETERSILIE

PETROSELINUM CRISPUM VAR. NEAPOLITANUM

Die Blattpetersilie ist neben der krausen Petersilie die zweite allgemein bekannte Petersilienart. Sie hat einen intensiveren Geschmack als die krause Variante und wird deshalb in den Küchen Europas und des Nahen Ostens häufiger als Küchenkraut verwendet. Aber auch als Heilkraut ist sie seit Urzeiten zu verschiedenen Zwecken gebräuchlich. Ihrer harntreibenden Wirkung wegen wurde sie traditionell bei Harnwegsinfektionen und Gicht eingesetzt. Die Blattpetersilie verleiht einer Reihe von Gerichten ihren charakteristischen frischen Geschmack, darunter dem nordafrikanischen *Tabbouleh*, einem köstlichen Salat aus großen Mengen von fein gehackter Petersilie, Bulgur, Tomaten und Frühlingszwiebeln.

ANDERE NAMEN: Silk, Bockskraut, Geilwurz
FAMILIE: Apiaceae
HÖHE: 40–50 cm
MERKMALE: Winterhartes, zweijähriges Kraut mit flachen, geteilten dunkelgrünen Blättern und flachen Dolden von kleinen cremeweißen Blüten
STANDORT: Fruchtbarer, gut durchlässiger Boden; Sonne oder Halbschatten
VERWENDUNG: Küche, Medizin

SALOMONSSIEGEL POLYGONATUM ODORATUM

ANDERE NAMEN: Wohlriechende Weißwurz
FAMILIE: Convallariaceae
HÖHE: 85 cm
MERKMALE: Winterharte Staude mit ovalen, spitz zulaufenden grünen Blättern und wachsigen weißen Blüten mit grünen Rändern
STANDORT: Gut durchlässiger, nährstoffreicher, feuchter Boden; Halbschatten
VERWENDUNG: Medizin, Dekoration

Das Salomonssiegel wächst in Europa und Asien in Wäldern und Buschland. Es gibt verschiedene Theorien über den Ursprung seines Namens. Eine besagt, dass König Salomon sein Siegel den Wurzeln der Pflanze nachempfand, um dessen Heilkraft zu würdigen. Fest steht auf jeden Fall, dass das Salomonssiegel eine lange Tradition als Heilkraut hat, es war bereits im Altertum gebräuchlich, und in China ist seine Verwendung im ersten Jahrhundert n. Chr. belegt. Die chinesische Medizin setzte seine Wurzeln gegen trockenen Husten, Herzkrankheiten und Tuberkulose ein, die ayurvedische verwendet die Pflanze zur Luststeigerung und gegen Unfruchtbarkeit. Der englische Kräuterkundler Gerard empfahl im 16. Jahrhundert Umschläge oder den Genuss von Kräuterbier mit Salomonssiegel zur Heilung von Knochenbrüchen. Heutzutage wird das Salomonssiegel vor allem als dekorative Gartenpflanze gezogen.

PORTULACA OLERACEA PORTULAK

Ursprünglich kommt der Portulak aus Indien, wo er wild auf Feldern und an Wegrändern wächst. Er wird seit Langem als Salat- und Gewürzpflanze gezogen, war schon den alten Ägyptern bekannt und wurde in Indien und China bereits vor Tausenden von Jahren kultiviert. Medizinisch wirkt er harntreibend und kühlend, er wird zur Fiebersenkung, Entgiftung und Behandlung von bakteriellen Infektionen eingesetzt. In Ägypten wird er traditionell gegen Augenschmerzen und Entzündungen der Haut verabreicht. Untersuchungen haben gezeigt, dass er reich an Omega-3-Fettsäuren ist, die das Immunsystem stärken sollen. Seine geschmacklich milden frischen Blätter werden als Salat, z. B. dem *Fattaush* aus dem Nahen Osten, gegessen. Als Gemüse gekocht nehmen sie eine etwas schleimige Konsistenz an.

Andere Namen: Postulein, Burzelkraut
Familie: Portulacaceae
Höhe: 20–45 cm
Merkmale: Einjährige Pflanze mit fleischigen, abgerundeten hellgrünen Blättern und kleinen, vier- bis sechsblättrigen gelben Blüten
Standort: Nährstoffreicher, feuchter, gut durchlässiger Boden; Sonne
Verwendung: Küche, Medizin

FINGERKRAUT

POTENTILLA ERECTA

Das Fingerkraut findet man in Nordeuropa und Westasien, wo es auf Gras- und Heideland sowie auf Bergwiesen wächst. Sein botanischer Name *Potentilla* kommt vom lateinischen *potens* („stark"), ein Tribut an seine Heilkräfte. In der Pflanzenheilkunde wird das Fingerkraut als ein starkes Adstringens angewendet, eingenommen gegen Durchfall und Entzündungen des Dickdarms. Äußerlich angewendet hilft Fingerkrautsud gegen Hämorrhoiden, Geschwüre, Schnittwunden, Entzündungen der Haut, Verbrennungen und entzündete Augen. Wegen ihres hohen Anteils an Tannin und roten Farbstoffen wurden die Wurzeln des Fingerkrauts zur Gerbung und Färbung von Leder genutzt.

ANDERE NAMEN: Fingerstrauch, Gänserich, Silberblatt, Dreckkraut
FAMILIE: Rosaceae
HÖHE: 20–30 cm
MERKMALE: Winterharte Staude mit dreilappigen, gezähnten grünen Blättern und vierblättrigen gelben Blüten
STANDORT: Lockerer, saurer Boden; Sonne oder Halbschatten
VERWENDUNG: Medizin, Farbe

SCHLÜSSELBLUME

PRIMULA VERIS

Die Schlüsselblume ist in Nord- und Mitteleuropa beheimatet, wo sie wild auf Feldern und an Wegrändern auf kalkigem Boden wächst. Ihr botanischer Name *Primula* leitet sich vom lateinischen *primus* („Erste(r)") ab und deutet auf ihre frühe Blütezeit im Frühling hin. Ihr deutscher Name verweist auf die Ähnlichkeit ihres Blütenstands mit einem Schlüsselbund, insbesondere dem, mit dem der heilige Petrus die Himmelspforte öffnet, daher auch „Himmelsschlüssel". In der Pflanzenheilkunde werden Schlüsselblumenwein und -tee für ihre beruhigende Wirkung geschätzt, und die Pflanze wurde traditionell zur Behandlung von Krämpfen, Zuckungen und Lähmungserscheinungen eingesetzt. Die Blüten schmecken frisch im Salat, werden kandiert aber auch zur Dekoration z. B. von Torten verwendet. In der Natur darf die Schlüsselblume nicht mehr gepflückt werden, sie gehört zu den geschützten Arten. Sie wird jedoch auch als Gartenpflanze gezüchtet.

ANDERE NAMEN: Himmelsschlüssel, Frauenschlüssel, Eierkuchen, Gichtblume
FAMILIE: Primulaceae
HÖHE: 15–20 cm
MERKMALE: Winterharte Staude mit rauen, länglichen grünen Blättern und Blütenständen von kleinen, röhrenförmigen gelben Blüten
STANDORT: Trockener, neutraler bis alkalischer Boden; Sonne oder Halbschatten
VERWENDUNG: Küche, Medizin, Dekoration

KISSENPRIMEL PRIMULA VULGARIS

ANDERE NAMEN: Erdschlüsselblume, Primel
FAMILIE: Primulaceae
HÖHE: 15 cm
MERKMALE: Winterharte Staude mit länglichen, runzligen grünen Blättern und zartgelben Blüten mit tief liegendem Kelch
STANDORT: Feuchter, gut durchlässiger Boden; Sonne oder Schatten
VERWENDUNG: Küche, Medizin, Dekoration

Die Kissenprimel ist in Europa und Nordasien zu Hause, sie wächst wild in Wäldern, an Hecken und auf Feldern. Auch als Kulturpflanze ist sie weitverbreitet. Traditionell ist sie als Heilpflanze gebräuchlich und wurde schon von dem Römer Plinius als Mittel gegen Rheumatismus, Gicht und Lähmungen beschrieben. Früher verabreichte man ihre Wurzeln bei Kopfschmerzen, und tatsächlich weiß man heute, dass die Pflanze Salicyl, einen der Wirkstoffe des Aspirins, enthält. Auch als schleimlösendes Mittel wurde die Primel verwendet, vor allem zur Behandlung von Bronchitis. Heutzutage jedoch wird sie medizinisch nur noch wenig genutzt. Ihre hübschen Blüten, die alljährlich den Frühling einläuten, machen sie zu einer beliebten Balkon- und Gartenpflanze und können wie die jungen Blätter z. B. im Salat gegessen werden.

PULMONARIA OFFICINALIS LUNGENKRAUT

Das Lungenkraut wächst in ganz Europa auf schattigen, feuchten Grasflächen, an Heckenrändern und in Wäldern. Sowohl sein botanischer Name *Pulmonaria* vom lateinischen *pulmones* („Lunge") als auch sein deutscher Name weisen auf die vermeintliche Ähnlichkeit seiner gesprenkelten Blätter mit Lungenflügeln hin. Nach der im 16. und 17. Jahrhundert geläufigen Signaturenlehre des Schweizer Arztes Paracelsus bedeutete dies, dass die Pflanze bei Lungenproblemen helfe. Traditionell wurde sie also zur Behandlung von Husten, Bronchitis und Halsschmerzen verabreicht. Heutzutage wird sie medizinisch nur noch wenig verwendet. Sie ist aber ein Bestandteil des Kräuterlikörs *Wermut*.

ANDERE NAMEN: Bockkraut, Hirschmangold, Blaue Schlüsselblume
FAMILIE: Boraginaceae
HÖHE: 30 cm
MERKMALE: Winterharte Staude mit weiß gesprenkelten, ovalen, behaarten grünen Blättern und glockenförmigen rosafarbenen bis blauen Blüten
STANDORT: Feuchter Boden; Sonne oder Schatten
VERWENDUNG: Medizin, Küche

KÜCHENSCHELLE PULSATILLA VULGARIS

ANDERE NAMEN: Kuhschelle, Wiesenanemone, Wolfspfote
FAMILIE: Ranunculaceae
HÖHE: 10–20 cm
MERKMALE: Winterharte Staude mit fein geteilten grünen Blättern und nickenden violetten Blüten
STANDORT: Gut durchlässiger, neutraler bis alkalischer Boden; Sonne
VERWENDUNG: Medizin, Farbe

Die Küchenschelle wächst in Europa und Westasien auf trockenen, kalkhaltigen Hängen, ist heute aber infolge von Übererntung sehr selten geworden. Früher war die Küchenschelle als Heilpflanze gebräuchlich, sie wurde zur Lösung von Krämpfen, gegen Schmerzen, bei prämenstruellen Beschwerden, Schlaflosigkeit und Unruhezuständen verabreicht. Die Pflanze hat aber auch unangenehme Nebenwirkungen: In zu hoher Dosierung verursacht sie Durchfall, Erbrechen und Schüttelkrämpfe. Traditionell wurde die Küchenschelle früher auch zum Färben von Ostereiern verwendet.

RICINUS COMMUNIS WUNDERBAUM

Der Wunderbaum ist vermutlich in Nordostafrika und Südwestasien beheimatet, wächst inzwischen aber in vielen tropischen Ländern. Sein botanischer Name *Ricinus* leitet sich vom lateinischen Wort für „Zecke" ab, wegen der Ähnlichkeit der Samen mit diesem Tier. Die Pflanze wurde schon vor über 6000 Jahren kultiviert. Grund dafür war vor allem das Öl, das aus den Samen gewonnen werden kann und z. B. in Ägypten als Lampenöl genutzt wurde. Bei der medizinischen Verwendung müssen alle Teile der Pflanze mit großer Vorsicht behandelt werden, besonders die rizinushaltigen Samen sind bei Verzehr extrem giftig. Trotzdem wurde die Pflanze lange Zeit als Abführmittel eingesetzt. Noch heute wird sie wegen ihres Öls angebaut, das bei der Herstellung von so verschiedenen Dingen wie Schmieröl, Lack, Kosmetik und Farbe gebraucht wird.

ANDERE NAMEN: Rizinus, Christuspalme, Hundsbaum, Läusebaum, Palma Christi
FAMILIE: Euphorbiaceae
HÖHE: 1,8 m
MERKMALE: Schnell wachsender Strauch mit großen, handförmigen, gelappten, gezähnten dunkelroten Blättern und Ähren von kleinen, becherförmigen roten Blüten
STANDORT: Gut durchlässiger, humusreicher Boden; Sonne
VERWENDUNG: Medizin, Kosmetik, Industrie

HUNDSROSE

ROSA CANINA

Die Hundsrose ist in Europa, Westasien und Nordafrika heimisch, sie wächst wild an Heckenrändern und in Wäldern. Ihr landläufiger Name könnte sich auf ihre weite Verbreitung, veraltet ihre „Hundsgemeinheit", beziehen. Die Frucht der Hundsrose, die Hagebutte, wird seit Tausenden von Jahren gegessen. Sie ist reich an Vitamin C, hat einen hohen Gehalt an Calcium, Phosphor und Eisen und wird eingenommen, um die Widerstandskräfte zu stärken und Erkältungen und Schnupfen zu bekämpfen. Traditionell werden Hagebutten zu Wein, Essig, Marmelade, Gelee, Sirup und Tee verarbeitet, und all diesen Produkten wird eine stärkende Wirkung zugeschrieben. Als Nahrungsergänzung wird heute vor allem Kindern gern Hagebuttensirup gegeben.

ANDERE NAMEN: Heckenrose, Hagerose, Hagebutte
FAMILIE: Rosaceae
HÖHE: 3 m
MERKMALE: Winterfester, sommergrüner Strauch mit stacheligen Zweigen und gefiederten Blattspreiten von fünf bis sieben grünen Blättern und fünfblättrigen weißen bis rosafarbenen Blüten
STANDORT: Gut durchlässiger, feuchter, humusreicher, neutraler bis leicht saurer Boden; Sonne
VERWENDUNG: Medizin, Küche

ROSMARIN

ROSMARINUS OFFICINALIS

Der duftende Rosmarin stammt ursprünglich aus dem Mittelmeerraum, wo er wild in trockenem Buschland wächst. Heutzutage wird er jedoch überall im großen Stil gezogen. Zahlreiche Mythen ranken sich um das vielseitig verwendbare Küchen- und Heilkraut. Eine der bekannteren Legenden berichtet, dass die Jungfrau Maria während einer Rast auf ihrer Flucht nach Ägypten ihren blauen Umhang über einen Rosmarinbusch hängte. Als sie den Mantel wieder aufhob, hatten sich die vormals weißen Blüten zu ihren Ehren blau gefärbt. Ein anderer christlicher Mythos erzählt, dass Maria die Kleider des Jesuskindes zum Trocknen auf einen Rosmarinbusch legte, was der Pflanze ihren wunderbaren Duft verlieh. Rosmarin sollte vor Bösem bewahren. Außerdem galt er als Sinnbild für Freundschaft, Liebe und Treue. Es hieß auch, dass der Rosmarin die Erinnerung wachhalte, weshalb er zum Andenken an einen geliebten Menschen am Körper getragen wurde. Die Blätter des Rosmarins wurden verstreut oder verbrannt, um die Luft zu reinigen. In der Küche wird er traditionell verwendet, um Lammfleisch zu würzen, denn sein kräftiges Aroma harmoniert perfekt mit dem Eigengeschmack des eher fetten Fleischs.

FAMILIE: Lamiaceae
HÖHE: Bis 2 m
MERKMALE: Immergrüne, winterharte Staude mit nadelförmigen dunkelgrünen Blättern und Blütenständen von kleinen bläulich violetten Blüten
STANDORT: Gut durchlässiger bis trockener Boden; Sonne
VERWENDUNG: Küche, Kosmetik, Dekoration

BROMBEERE RUBUS FRUTICOSUS

ANDERE NAMEN: Brennbeere, Kratzbeere
FAMILIE: Rosaceae
HÖHE: 4 m
MERKMALE: Winterharter, sommergrüner Strauch mit stacheligen Zweigen, drei- bis fünfteiligen gezähnten grünen Blättern und weißen oder rosafarbenen Blüten, gefolgt von schwarzen Beeren
STANDORT: Feuchter, gut durchlässiger Boden; Sonne oder Schatten
VERWENDUNG: Küche, Medizin

Die Brombeere ist in Europa zu Hause, wo sie wild in Wäldern, an Hecken und auf Brachflächen wächst. Schon immer schätzte der Mensch nicht nur ihre saftigen, süßen Beeren, sondern nutzte sie auch als Arzneipflanze. Im Alten Griechenland wurde sie zur Behandlung von Gicht eingesetzt, im Rom der Antike kurierte sie entzündliche Erkrankungen des Mundes und der Eingeweide. Traditionell gilt sie als Heilmittel bei Durchfall und Ruhr, Hämorrhoiden und Blasenentzündung. Heutzutage wird die Brombeere – roh oder zu Marmelade, Gelee, Sirup, Wein oder Likör verarbeitet – jedoch hauptsächlich als Nahrungsmittel betrachtet. Aus Brombeerblättern lässt sich auch ein schmackhafter Tee zubereiten.

RUMEX ACETOSA SAUERAMPFER

Der Sauerampfer wächst auf Grasflächen und lichten Wäldern in Europa, Asien und Nordamerika. Sein deutscher Name verweist auf seinen säuerlichen Geschmack. Er wurde schon im Altertum sowohl als Küchen- als auch als Heilkraut verwendet: Ägypter und Römer aßen ihn, um die Verdauung anzuregen, außerdem zur Blutreinigung und wegen seiner harntreibenden und kühlenden Wirkung. Äußerlich aufgetragen wurde er zur Behandlung von Hauterkrankungen wie Soor, Flechten und Krätze eingesetzt. Seines hohen Anteils an Oxalsäure wegen sollte man ihn jedoch sparsam verwenden. Trotzdem wird er als Salat oder gekocht als Gemüse gegessen und verfeinert Eierspeisen und Soßen.

ANDERE NAMEN: Blutampfer, Kuckuckskraut, Sauergras, Feldampfer
FAMILIE: Polygonaceae
HÖHE: 50–120 cm
MERKMALE: Winterharte Staude mit breiten, länglichen, anfangs pfeilförmigen grünen Blättern und Ähren von rotgrünen Blüten
STANDORT: Feuchter Boden; Sonne oder Halbschatten
VERWENDUNG: Küche, Medizin

RAUTE

RUTA GRAVEOLENS

Die Raute wächst in trockenen, felsigen Hanglagen und auf Kalksteinhalden in Südeuropa, wird aber schon lange auch gezüchtet. Obwohl sie bei hoher Dosierung durchaus giftig wirken kann, hat die Pflanze eine lange Geschichte als Heilkraut. Traditionell wurde sie bei Überanstrengung der Augen und zur Anregung der Menstruation eingenommen. Lange Zeit galt die Raute als magisches Kraut, es hieß, sie wehre bösen Zauber ab. Einer weitverbreiteten Legende zufolge soll sie eine der Zutaten in einem unter dem Namen „Essig der vier Diebe" überlieferten Wundermittel gewesen sein. Im Frankreich des 17. Jahrhunderts sollen Einnahme und äußerliche Anwendung dieses Essigs vier Diebe, die Pestopfer beraubten, vor Ansteckung bewahrt haben. Wegen ihres sehr bitteren Geschmacks wird die Raute in der Küche eher selten verwendet, sie verleiht aber bestimmten Getränken, z. B. dem *Grappa*, eine besondere Note.

ANDERE NAMEN: Weinraute
FAMILIE: Rutaceae
HÖHE: 60 cm
MERKMALE: Winterharte, immergrüne Staude mit tief geteilten, fleischigen graugrünen Blättern und Dolden von vierblättrigen gelben Blüten
STANDORT: Gut durchlässiger, neutraler bis alkalischer Boden; Sonne
VERWENDUNG: Medizin, Küche

SALBEI

SALVIA OFFICINALIS

Der Salbei stammt aus dem Mittelmeergebiet und Nordafrika. Der *Salvia officinalis* oder Echte Salbei ist die meist gezüchtete und bestbekannte Art einer mitgliederreichen Gattung. Von jeher wurde der Salbei wegen seiner Heilkräfte geschätzt, sein botanischer Name *Salvia* leitet sich vom lateinischen *salvere* („heilen") ab. Ein altes Sprichwort fragt: „Warum sollte ein Mensch sterben, in dessen Garten Salbei wächst?" Die alten Römer und Griechen hielten ihn für wirksam gegen Schlangenbisse und mischten ihn in Stärkungsmittel, im Mittelalter wurde er gegen Erkältungen, Fieber, Epilepsie und Verstopfung verabreicht. Die ländliche Bevölkerung nutzte den Salbei über die Jahrhunderte für die unterschiedlichsten Zwecke: Man kelterte Salbeiwein, machte Salbeitee, aromatisierte Käse oder Tabak damit. Heute ist der Salbei in erster Linie als Küchenkraut gebräuchlich. Vor allem die italienische Küche verwendet ihn reichlich, z. B. bei der Zubereitung bekannter Spezialitäten wie *Saltimbocca*, hauchdünnen, mit Schinken und ganzen Salbeiblättern gefüllten Kalbsschnitzeln.

Andere Namen: Sophie, Scharlachkraut
Familie: Lamiaceae
Höhe: Bis 60 cm
Merkmale: Winterharte Staude mit ovalen, samtigen graugrünen Blättern und kleinen Ähren von violetten Blüten
Standort: Gut durchlässiger bis trockener Boden; Sonne
Verwendung: Küche, Medizin

MUSKATELLER-SALBEI

SALVIA SCLAREA

Der Muskatellersalbei wächst wild auf Brachflächen in Südeuropa und West- bis Zentralasien. Sein botanischer Beiname *sclarea* kommt vom lateinischen *clarus* („sauber"), ein Verweis auf seine frühere Verwendung als Augenwäsche. Seines bemerkenswerten aromatischen Geschmacks und Geruchs wegen wurde er in Deutschland früher dazu verwendet, Weine zu aromatisieren. Das Kraut verlieh den Tropfen eine deutliche Muskatellernote, daher der Name „Muskatellersalbei". Als Heilkraut wurde der Muskatellersalbei zur Linderung von Augenleiden und Menstruationsbeschwerden ebenso verabreicht wie zur Anregung der Verdauung. Eine kulinarische Spezialität waren in Öl ausgebackene Salbeiblätter im Teigmantel. Das aus dem Muskatellersalbei gewonnene Öl wird von der Parfümindustrie verwendet.

ANDERE NAMEN: Römischer Salbei
FAMILIE: Lamiaceae
HÖHE: 1 m
MERKMALE: Winterhartes, zwei- oder mehrjähriges Kraut mit gezähnten, ovalen bis herzförmigen grünen Blättern und Ähren von creme- und lila- bis rosafarbenen oder blauen Blüten
STANDORT: Küche, Medizin, Kosmetik

HOLUNDER SAMBUCUS NIGRA

ANDERE NAMEN: Holder, Holler, Flieder
FAMILIE: Caprifoliaceae
HÖHE: 6–10 m
MERKMALE: Winterharter, sommergrüner Strauch mit gefiederten, in fünf ovale Blätter geteilten Blattspreiten und flachen Dolden von winzigen cremefarbenen Blüten
STANDORT: Nährstoffreicher, feuchter, neutraler bis alkalischer Boden; Sonne oder Halbschatten
VERWENDUNG: Küche, Medizin

Der Holunder wächst in Europa, Westasien und Nordafrika wild in Wäldern, an Hecken und auf Brachflächen. Sein botanischer Name *Sambucus* kommt wohl vom griechischen *sambuca*, dem Wort für „Flöte". Seit Langem ist der Holunder für seine umfangreiche Heilwirkung bekannt, was ihm auch den Beinamen „Medizinschrank des Volkes" einbrachte. Eingenommen sollte er gegen Katarrhe, Erkältungen und rheumatische Beschwerden helfen, äußerlich aufgetragen Schwellungen, Wunden und Prellungen lindern. Auch in der Mythologie vieler Kulturen spielt die Pflanze eine Rolle. Roh verzehrt sind die Blätter und Beeren giftig, gekocht dagegen sind die Beeren Grundlage köstlicher Spezialitäten wie Holunderwein, -marmelade, -sirup oder -suppe. Aus den duftenden Blüten wird z. B. Likör hergestellt, man kann sie aber auch in Backteig tauchen und ausbacken.

SANGUISORBA MINOR PIMPINELLE

Die Pimpinelle ist von Europa bis China und Japan zu Hause. Wild wächst sie auf Wiesen und an Straßenrändern. Der botanische Name dieser Pflanze leitet sich vom lateinischen *sanguis sorbere* („Blut aufnehmen“) ab und erinnert an ihre traditionelle Verwendung als Wundkraut und zum Stillen von Blutungen. Darüber hinaus wurde die Pimpinelle als milder Harntreiber und zur Anregung von Schweißfluss und Verdauung verabreicht. Die kleinen Blätter mit dem gurkenähnlichen Geschmack wurden traditionell als Salat gegessen, besonders im Winter, wenn frisches Gemüse knapp wurde. Außerdem wurde das Kraut zum Würzen von Wein, Bier und anderen Getränken sowie von Suppen und Eintöpfen verwendet.

ANDERE NAMEN: Kleiner Wiesenknopf
FAMILIE: Rosaceae
HÖHE: 40–75 cm
MERKMALE: Immergrüne, winterharte Staude mit gefiederten, ovalen, tief gezähnten grünen Blättern und Ähren von winzigen rotbraunen Blüten
STANDORT: Feuchter, gut durchlässiger Boden; Sonne oder Halbschatten
VERWENDUNG: Küche, Medizin

HEILIGENKRAUT

SANTOLINA CHAMAECYPARISSUS

Das Heiligenkraut wächst wild im Mittelmeerraum auf kalkigen Brachflächen. Sein botanischer Name leitet sich vom lateinischen *sanctum linum* („heiliger Flachs") her. Das bittere, intensiv nach Kamille duftende Kraut wurde medizinisch gegen Wurmbefall, Verdauungsprobleme und Augenentzündungen eingesetzt. Nicholas Culpeper, der berühmte englische Kräuterkundler, empfahl es im 17. Jahrhundert als Mittel gegen giftige Bisse und Hautreizungen. Getrocknete Zweige des Heiligenkrauts wurden in den Kleiderschrank gelegt, um Motten und andere Insekten fernzuhalten. Seine silbergrauen Blätter machten es zu einer beliebten Beetbegrenzungspflanze in den im 16. Jahrhundert populären Knotengärten, und auch heute noch wird es als dekorative Gartenpflanze geschätzt.

ANDERE NAMEN: Silberblättriges Heiligenkraut, Graue Heiligenblume, Zypressenkraut
FAMILIE: Asteraceae
HÖHE: 20–50 cm
MERKMALE: Winterharte, immergrüne Staude mit wolligen, länglichen, gefiederten silbergrauen Blättern und runden, leuchtend gelben Blütenköpfchen
STANDORT: Lockerer, gut durchlässiger bis trockener Boden; Sonne
VERWENDUNG: Medizin, Dekoration

SEIFENKRAUT SAPONARIA OFFICINALIS

ANDERE NAMEN: Herbstnelke, Knackblume, Madenkraut
FAMILIE: Caryophyllaceae
HÖHE: 30–90 cm
MERKMALE: Winterharte Staude mit spitz zulaufenden, ovalen, glatten grünen Blättern und Dolden von rosafarbenen oder weißen Blüten
STANDORT: Gut durchlässiger, feuchter, neutraler bis alkalischer Boden; Sonne oder Halbschatten
VERWENDUNG: Medizin, Reinigung

Das Seifenkraut findet man in ganz Europa an Straßenrändern oder auf Brachflächen. Sowohl sein botanischer Name *Saponaria* vom lateinischen *sapo* („Seife") als auch sein deutscher Name verweisen auf die traditionelle Verwendung des Krauts zum Reinigen. Die Wurzeln des Seifenkrauts enthalten einen hohen Anteil an Saponin, einem schäumenden Stoff, und wurden deshalb schon von den Assyrern im achten Jahrhundert v. Chr. als Seife verwendet. Durch seine milde Reinigungswirkung ist das Seifenkraut besonders geeignet zur Säuberung von empfindlichen Flächen und wird heute viel von Museen verwendet. Als Heilkraut diente es der Behandlung von Gicht, Rheumatismus, Gelbsucht und bestimmten Geschlechtskrankheiten. Heutzutage kommt es im medizinischen Bereich kaum noch zum Einsatz, denn es greift das Verdauungssystem an und kann Muskellähmungen hervorrufen.

SATUREJA HORTENSIS SOMMERBOHNENKRAUT

Das kriechende Sommerbohnenkraut ist im Mittelmeerraum zu Hause, wo es wild an Berghängen und in Moorgebieten wächst. Als beliebtes Küchenkraut wird es heutzutage aber auch viel gezüchtet. Sein botanischer Name *Satureja* geht auf das lateinische *Satyrus* („Satyr") zurück, ein Verweis auf die der Pflanze nachgesagte luststeigernde Wirkung. In der Heilkunde wurde es vor allem verwendet, um die Verdauung zu regulieren, als Hustenmittel und als entzündungshemmende Mundspülung. Sein wichtigster Verwendungszweck war aber immer der als Gewürz. Schon die alten Römer verfeinerten Soßen und Füllungen mit seinem würzigen, pfeffrigen Aroma. Traditionell wird es bei der Zubereitung von schwer verdaulichen Speisen wie Bohnen (daher der Name), Schweinefleisch oder Gurke eingesetzt. In der französischen Küche gehört es zur Kräutermischung *herbes de Provence*.

ANDERE NAMEN: Wurstkraut, Hühnerfülle, Suppenkräutchen
FAMILIE: Lamiaceae
HÖHE: 10–35 cm
MERKMALE: Einjähriges Kraut mit länglichen, spitz zulaufenden grünen Blättern und kleinen weißen, rosafarbenen oder violetten Blüten
STANDORT: Gut durchlässiger bis trockener, neutraler bis alkalischer Boden; Sonne
VERWENDUNG: Küche, Medizin

WINTERBOHNENKRAUT SATUREJA MONTANA

ANDERE NAMEN: Bergbohnenkraut
FAMILIE: Lamiaceae
HÖHE: 10–40 cm
MERKMALE: Sommergrüne, winterharte Staude mit ledrigen, länglichen dunkelgrünen Blättern und kleinen weißen bis purpurfarbenen Blüten
STANDORT: Gut durchlässiger bis trockener, neutraler bis alkalischer Boden; Sonne
VERWENDUNG: Küche, Dekoration

Das Winterbohnenkraut ist in Südeuropa heimisch. Wild bevorzugt es felsige Berghänge und trockene, sonnige Standorte. Geschmacklich dem Thymian ähnlich, werden die verschiedenen Arten des europäischen Bohnenkrauts seit über 2000 Jahren genutzt. Die alten Römer und Griechen betrachteten die Pflanzen dieser Gattung, deren bekannteste Vertreter wohl Sommer- (*Satureja hortensis*) und Winterbohnenkraut sind, eher als Küchen- denn als Heilkraut. Das Winterbohnenkraut hat einen intensiveren, würzigeren, schärferen Geschmack als das Sommerbohnenkraut und wird z. B. zum Würzen von Füllungen und Marinaden verwendet. Sein buschiger Wuchs und die üppige Blütenpracht machen es zu einer beliebten Gartenpflanze, die sich gut als Zwerghecke oder zur Beetbegrenzung eignet.

SCUTELLARIA LATERIFLORA HELMKRAUT

Das Helmkraut ist in Nordamerika beheimatet, wo es an feuchten Standorten wächst. Seine Heilkräfte wurden von jeher von den einheimischen Indianerstämmen genutzt, die Cherokee z. B. setzten es zur Behandlung von Menstruationsbeschwerden ein. Es ist ein bitteres Kraut, das beruhigend, krampflösend und fiebersenkend wirkt sowie die Nierentätigkeit und die Verdauung anregt. Größere Bekanntheit erreichte es im 18. Jahrhundert, als der Arzt Dr. Vandesveer es erfolgreich als Mittel gegen Tollwut verwendete. Während des 19. Jahrhunderts wurde es vornehmlich zur Behandlung von hysterischen und nervösen Leiden wie Schüttel- und Schreikrämpfen sowie Epilepsie verabreicht.

FAMILIE: Lamiaceae
HÖHE: 15–75 cm
MERKMALE: Winterfeste Staude mit länglich lanzettförmigen, gezähnten grünen Blättern und kleinen blauen, rosafarbenen oder weißen Blüten
STANDORT: Feuchter Boden; Sonne oder Halbschatten
VERWENDUNG: Medizin

MARIENDISTEL

SILYBUM MARIANUM

Die Mariendistel wächst in Europa an Wegrändern und auf Brachflächen. Ihr botanischer Beiname *marianum* geht ebenso wie der deutsche Name auf die christliche Legende zurück, dass die Muttermilch der Jungfrau Maria auf ihre Blätter herabgetropft sei, wodurch diese ihre auffällige weiße Musterung erhielten. Folglich galt sie lange Zeit als förderlich für den Milchfluss und wurde stillenden Müttern verabreicht. Als Heilpflanze wurde sie zur Behandlung von Depressionen eingesetzt, und der englische Kräuterexperte John Gerard beschrieb sie als „die beste Arznei, die gegen melancholische Krankheiten wächst". Untersuchungen haben erwiesen, dass sie einen hohen Anteil an Silymarin enthält, einem Wirkstoff, der die Leber vor Giften schützt. Deshalb gilt sie als wirksames Mittel gegen Pilzvergiftungen. Die jungen Blätter können nach Entfernen der Stacheln als Salat oder gekocht als Gemüse gegessen werden. Auch die Wurzeln sind essbar.

ANDERE NAMEN: Frauendistel, Christi Krone, Fieberdistel
FAMILIE: Asteraceae
HÖHE: 1,2–1,5 m
MERKMALE: Ein- oder zweijährige Pflanze mit weiß geäderten, tief eingeschnittenen Blättern mit dornigem Rand und distelartigen lilafarbenen Blüten
STANDORT: Gut durchlässiger, neutraler bis alkalischer Boden; Sonne
VERWENDUNG: Küche, Medizin

GOLDRUTE

SOLIDAGO VIRGAUREA

Die Goldrute wächst wild auf Brachflächen und in Hanglagen in ganz Europa, bevorzugt auf kieselsäurereichem Boden. Ihr botanischer Name *Solidago* kommt vom lateinischen *solidare* („zusammenfügen“) und bezieht sich auf ihre Heilkraft. Schon im Mittelalter wurde sie in der traditionellen Pflanzenheilkunde auf verschiedene Weise genutzt. Ihre Blätter und Blüten werden bis heute vor allem zur Behandlung von Nierensteinen eingesetzt. Im 17. Jahrhundert empfahl sie der englische Kräuterkundler Nicholas Culpeper aber auch zur Befestigung lockerer Zähne. Die Goldrute ist ein bitteres, adstringierendes, muskelentspannendes Kraut. Sie regt die Leber- und Nierentätigkeit an und hemmt Entzündungen. Äußerlich wurde sie zur Heilung von Wunden und Insektenstichen in Kompressen aufgelegt.

ANDERE NAMEN: Heilwundkraut, Petrusstab, Gülden Wundkraut
FAMILIE: Asteraceae
HÖHE: 80 cm
MERKMALE: Winterharte Staude mit lanzettförmigen, fein gezähnten grünen Blättern und dichten Blütenständen von winzigen gelben Blüten
STANDORT: Gut durchlässiger, sandiger bis magerer Boden; Sonne
VERWENDUNG: Medizin

ZIEST STACHYS OFFICINALIS

ANDERE NAMEN: Heilziest, Betonie, Flohblume, Pfaffenblume, Zahnkraut, Zehrkraut
FAMILIE: Lamiaceae
HÖHE: 15–60 cm
MERKMALE: Winterfeste Staude mit länglichen, muschelrandigen grünen Blättern und Ähren von magentafarbenen Blüten
STANDORT: Gut durchlässiger Boden; Sonne oder Halbschatten
VERWENDUNG: Medizin

Der Ziest ist in Europa heimisch. Er wächst wild auf Feldern und an Heckenrändern, ist aber auch angesät beliebt auf Wildblumenwiesen. Sein botanischer Name *Stachys* kommt von dem griechischen Wort für „Maiskolben" und verweist auf die Form des Blütenstands. Schon die alten Ägypter schrieben dem Ziest magische Kräfte zu, und die Angelsachsen kurierten damit die geheimnisvolle „Elfenkrankheit". Früher wurde die Pflanze in Apotheker- und Klostergärten gezogen, man pflanzte sie zum Schutz gegen bösen Zauber, aber auch auf Kirch- und Friedhöfen. In der traditionellen Pflanzenheilkunde diente der Ziest als Arznei gegen eine ganze Reihe von Krankheiten, von Erkältungen und Halsschmerzen über Gicht bis hin zu Nervenleiden. Zu medizinischen Zwecken wird er heute kaum noch verwendet, getrocknet werden seine Blätter aber Kräuter- und Schnupftabaken zugesetzt.

STELLARIA MEDIA VOGELSTERNMIERE

Die Vogelsternmiere wächst in ganz Europa auf Feldern, in Gärten und auf Brachflächen. Ihr botanischer Name *Stellaria* verweist auf ihre sternförmigen Blüten. Wie ihr deutscher Name andeutet, wird sie gerne von Vögeln verzehrt, seit langer Zeit aber auch vom Menschen. Während des Mittelalters wurde sie roh im Salat oder, ähnlich wie Spinat, gekocht als Gemüse oder Suppeneinlage gegessen. Heutzutage wird sie in Verbindung mit anderen Kräutern und Gemüsen zu Stärkungstränken verarbeitet. Wegen ihrer kühlenden und beruhigenden Wirkung wurde die Vogelsternmiere traditionell in Form von Umschlägen oder Salben zur Behandlung von Hautreizungen, Frostbeulen und Geschwüren eingesetzt. Der englische Kräuterkenner Culpeper empfahl im 17. Jahrhundert, schmerzende Augen mit ihrem Saft zu kurieren. Heute wird die Vogelsternmiere meist als Unkraut betrachtet.

ANDERE NAMEN: Vogelmiere, Hühnerdarm
FAMILIE: Caryophyllaceae
HÖHE: 5–40 cm
MERKMALE: Einjährige Pflanze mit kleinen, ovalen hellgrünen Blättern und kleinen, sternförmigen weißen Blüten
STANDORT: Feuchter Boden; Sonne oder Schatten
VERWENDUNG: Medizin, Küche

BEINWELL SYMPHYTUM OFFICINALE

Andere Namen: Schwarzwurz, Arzneibeinwell
Familie: Boraginaceae
Höhe: Bis 1,2 m
Merkmale: Winterharte Staude mit großen, spitz zulaufenden, lanzettförmigen Blättern und glockenförmigen weißen, rosa oder purpurfarbenen Blüten
Standort: Feuchter bis nasser Boden; Sonne oder Halbschatten
Verwendung: Medizin

Der Beinwell kommt in Europa und Westasien vor, in freier Natur bevorzugt er feuchte, schattige Standorte in der Nähe von Flüssen und Bächen. Sein botanischer Name ist von dem griechischen Wort *sympho* („vereinigen“) abgeleitet und deutet, ebenso wie der deutsche Name, auf die Heilkraft der Pflanze hin. Jahrhundertelang wurde das Kraut zur Behandlung von Wunden und Knochenbrüchen eingesetzt. Aktuelle Untersuchungen haben ergeben, dass der Beinwell Allantoin enthält, einen Wirkstoff, der die Bildung von neuen Zellen anregt. Der Beinwell kann aber auch Schädigungen der Leber und Krebs hervorrufen, sollte also nur eingeschränkt eingenommen werden. Die äußerliche Anwendung jedoch ist ungefährlich, und bis heute wird das Kraut auf diese Weise in der Pflanzenheilkunde zur Behandlung von Prellungen, Verstauchungen und Wunden eingesetzt.

TANACETUM BALSAMITA BALSAMKRAUT

Das Balsamkraut kommt wahrscheinlich ursprünglich aus Asien, ist inzwischen aber auch in Europa und Nordamerika heimisch. Es ist eine alte Duft- und Heilpflanze, die schon in schriftlichen Quellen des frühen Mittelalters erwähnt wird. Wegen seiner aromatischen, duftintensiven Blätter wurde das Kraut beispielsweise zum Würzen und Konservieren von Bier verwendet. Säuberlich gepresst wurden die Blätter des Balsamkrauts aber auch als duftendes Lesezeichen verwendet, daher der volkstümliche Name „Bibelblatt". In der traditionellen Heilkunde wurde das Kraut meist in Teeform verabreicht, es sollte Geburtswehen lindern und die Leber stärken. Heutzutage sind die Blätter ein beliebter Bestandteil von Duftpotpourris.

ANDERE NAMEN: Frauenminze, Bibelblatt, Marienblatt
FAMILIE: Asteraceae
HÖHE: 90 cm
MERKMALE: Winterfeste Staude mit silbergrünen Blättern und Dolden von gänseblümchenähnlichen Blüten
STANDORT: Gut durchlässiger bis trockener, steiniger Boden; Sonne
VERWENDUNG: Medizin, Küche, Dekoration

MUTTERKRAUT

TANACETUM PARTHENIUM

In freier Natur kommt das Mutterkraut in ganz Europa an Heckenrändern und auf Brachflächen vor, heutzutage wird es aber auch als dekorative Gartenpflanze gezüchtet. Sein deutscher Name verweist auf seine Wirkung als Heilkraut, traditionell wurde es zur Behandlung von Menstruations- und Schwangerschaftsbeschwerden verabreicht. Im 17. Jahrhundert beschrieb der englische Kräuterkundler Culpeper das Mutterkraut als besonders wirksam bei Frauenleiden, aber auch als „äußerst wirkungsvoll bei allen Arten von Kopfschmerz". Tatsächlich haben klinische Studien inzwischen bewiesen, dass es bei direkter Einnahme von zwei bis drei frischen Blättern Migräne lindert. Leider ist das Mutterkraut eher bitter als schmackhaft.

Andere Namen: Fieberkraut, Römische Kamille
Familie: Asteraceae
Höhe: Bis 90 cm
Merkmale: Winterharte Staude mit tief eingeschnittenen gelbgrünen Blättern und Dolden von gänseblümchenähnlichen Blüten
Standort: Gut durchlässiger bis trockener, steiniger Boden; Sonne
Verwendung: Medizin, Dekoration

RAINFARN

TANACETUM VULGARE (CHRYSANTHEMUM VULGARE)

Der Rainfarn ist in Europa heimisch, er wächst wild auf Brachflächen und an Heckenrändern. Als Gartenpflanze wird er auch gezogen. Der botanische Name *Tanacetum* könnte von dem griechischen Wort *athanasia* („Unsterblichkeit“) abgeleitet sein und auf die griechische Sage von Ganymed zurückgehen, der seine Unsterblichkeit einem Trank aus Rainfarn verdankte. Wegen seiner geruchsintensiven Blätter wurde der Rainfarn früher gern als Duftspender auf dem Boden verstreut und zum Schutz vor Insekten verwendet. Als Heilkraut wurde ihm stärkende und anregende Wirkung zugeschrieben, er wurde aber auch zu Wurmkuren und gegen Menstruationsbeschwerden eingesetzt. Heute wird der Rainfarn nicht mehr zu medizinischen Zwecken genutzt, denn inzwischen weiß man, dass sein Öl hochgiftig ist. Auch als Küchenkraut hat die Pflanze mit ihrem leicht pfeffrigen Aroma eine lange Tradition.

ANDERE NAMEN: Drusenkraut, Milchkraut, Pompelblume
FAMILIE: Asteraceae
HÖHE: 60–120 cm
MERKMALE: Winterharte Staude mit fein geteilten, gefiederten grünen Blättern und Dolden von knopfförmigen gelben Blüten
STANDORT: Gut durchlässiger bis trockener, steiniger Boden; Sonne
VERWENDUNG: Küche, Medizin, Insektenschutz

LÖWENZAHN TARAXACUM OFFICINALE

ANDERE NAMEN: Pusteblume, Pissnelke, Kuhblume
FAMILIE: Asteraceae
HÖHE: 30 cm
MERKMALE: Winterharte Staude mit lanzettförmigen, gezähnten grünen Blättern und großen gelben Blüten
STANDORT: Jede Art von Boden; Sonne oder Halbschatten
VERWENDUNG: Küche, Medizin

Der Löwenzahn ist in der ganzen nördlichen Hemisphäre weitverbreitet und wächst an Wegrändern, auf Wiesen, Brach- und Rasenflächen. Sein deutscher Name bezieht sich auf die zackigen Blätter der Pflanze, die an die scharfen Zähne eines Löwen erinnern. Auch wenn er heute meist als Unkraut verachtet wird, hat der Löwenzahn doch eine beachtliche Tradition als Heil- und Küchenkraut und wurde schon im elften Jahrhundert von arabischen Ärzten verabreicht. Er wirkt z. B. stark harntreibend, was ihm den eher unschönen Beinamen „Pissnelke“ bescherte. In der traditionellen chinesischen Medizin wurde er zur Behandlung von Tumoren, Abszessen, Gelbsucht und Harnwegsinfektionen eingesetzt. Auch seine Beliebtheit als nährstoffreiches Salatkraut reicht weit zurück. Er ist reich an Vitaminen und Mineralstoffen und schmeckt roh ebenso gut wie blanchiert als Gemüse.

TEUCRIUM CHAMAEDRYS EDELGAMANDER

Der Edelgamander wächst wild in Europa und Südwestasien, bevorzugt auf trockenen, sonnigen Brachflächen oder an schützenden Mauern und steilen Uferböschungen. Seine Geschichte als Heilkraut reicht bis ins Griechenland des Altertums zurück, wo der berühmte Arzt Dioskurides ihn bereits als Mittel gegen Husten und Asthma empfahl. Im 16. Jahrhundert soll eine 60-Tages-Kur mit Edelgamander Kaiser Karl V. von seiner Gicht befreit haben. Der englische Kräuterkenner Nicholas Culpeper empfahl einen Sud aus seinen Blättern zur Heilung verschiedenster Leiden, darunter Kopfschmerzen und Epilepsie. Heutzutage weiß man jedoch, dass die Pflanze Leberschäden verursachen kann, und so ist ihre Einnahme in einigen Ländern sogar verboten.

FAMILIE: Lamiaceae
HÖHE: 10–25 cm
MERKMALE: Winterharte Staude mit ovalen, tief geäderten grünen Blättern und Ähren von kleinen, zweilippigen rosafarbenen Blüten
STANDORT: Lockerer, gut durchlässiger, neutraler bis alkalischer, steiniger Boden; Sonne
VERWENDUNG: Medizin

SALBEI-GAMANDER

TEUCRIUM SCORODONIA

Der Salbeigamander ist in Europa beheimatet, in freier Natur wächst er an unterschiedlichen Standorten, z. B. in Wäldern, Heide- und Dünenlandschaft. Sein botanischer Name *Teucrium* geht entweder auf die mythologische Gestalt Teucer, einen Bogenschützen im Kampf um Troja, oder auf den Botaniker Dr. Teucer zurück. In der traditionellen Kräutermedizin wurde der Salbeigamander vor allem als Stärkungsmittel geschätzt. Er sollte, insbesondere nach Rheuma- oder Gichtanfällen, den Appetit steigern. Außerdem wurde er zur Anregung der Harnproduktion und der Menstruation verabreicht sowie um Blutergüsse aufzulösen. Seine bitteren Blätter mit ihrem hopfenähnlichen Geruch und Geschmack wurden traditionell beim Bierbrauen verwendet. Solange sie jung und zart sind, schmecken sie auch im Salat sehr gut.

FAMILIE: Lamiaceae
HÖHE: 30–60 cm
MERKMALE: Winterharte Staude mit gegenständigen, rundlich gezähnten, herzförmigen gräulich grünen Blättern und Ähren von kleinen gelblich grünen Blüten
STANDORT: Lockerer, gut durchlässiger, neutraler bis alkalischer, trockener bis steiniger Boden; Sonne
VERWENDUNG: Küche, Medizin

THYMIAN

THYMUS VULGARIS

Der Thymian ist ursprünglich im Mittelmeerraum heimisch, wo er wild auf felsigem Untergrund wächst. Heutzutage wird er jedoch vielerorts kultiviert. Wegen des Wohlgeruchs seiner Blätter und seiner antiseptischen Wirkung wurde er schon von den alten Ägyptern in Ölform zum Einbalsamieren und von den alten Griechen und Römern für Duftbäder und zur Reinigung der Wohnräume verwendet. Im Mittelalter trug man zum Schutz vor Krankheiten kleine Thymiansträußchen bei sich, und moderne Untersuchungen haben gezeigt, dass Thymianöl tatsächlich sehr wirksam gegen bestimmte Bakterien ist. In der Pflanzenheilkunde wurde er früher bei Husten und Verdauungsstörungen verabreicht. Allgemein bekannt und beliebt ist der Thymian aber natürlich vor allem als Küchenkraut. In der französischen Küche gehört er zum *bouquet garni* und den *herbes de Provence*, aber auch anderorts verleiht er Gerichten verschiedenster Art Geschmack.

ANDERE NAMEN: Quendel, Demut, Kleine Zypresse, Küchenpolei
FAMILIE: Lamiaceae
HÖHE: 15–30 cm
MERKMALE: Winterharte Staude mit kleinen, geraden bis elliptischen, spitz zulaufenden graugrünen Blättern und kleinen weißen bis rosafarbenen Blüten
STANDORT: Lockerer, trockener, gut durchlässiger Boden; Sonne oder Halbschatten
VERWENDUNG: Küche, Medizin

LINDE TILIA CORDATA

ANDERE NAMEN: Winterlinde
FAMILIE: Tiliaceae
HÖHE: 20–40 cm
MERKMALE: Winterharter Baum mit glänzenden, herzförmigen grünen Blättern und Trauben von kleinen hellgelben Blüten
STANDORT: Feuchter, gut durchlässiger Boden; Sonne oder Halbschatten
VERWENDUNG: Medizin, Dekoration

Die Linde ist ein in Europa heimischer und hier in Städten, Dörfern, Parks, Gärten und an Alleen und Straßen viel gepflanzter Baum. Schon die Römer pflanzten Linden in ihre Städte, denn sie glaubten, dass der Baum Ruhe mit sich bringe. Die Pflanzenheilkunde macht sich den schönen Baum seit Urzeiten zunutze. Schon der römische Naturforscher Plinius empfahl eine Mischung aus Essig und Lindenrinde zur Behandlung von Verletzungen. Jahrhunderte später beschrieb sie der englische Kräuterkundler Culpeper als „exzellentes Mittel gegen Schlaganfall, Epilepsie, Schwindel und Herzrasen". Landläufig bekannt ist vor allem der Tee, den man aus den duftenden frischen oder getrockneten Blüten der Linde aufgießt. Er wirkt beruhigend und regt die Verdauung an, ist also das perfekte Getränk nach dem Abendessen.

TRIGONELLA FOENUM-GRAECUM BOCKSHORNKLEE

Der Bockshornklee ist in Südeuropa und Asien zu Hause, wo er als Futtermittel und als Küchen- und Heilkraut auch großflächig kultiviert wird. Sein botanischer Name *foenum-graecum* bedeutet „griechisches Heu" und deutet an, dass er schon von jeher als Viehfutter genutzt wurde. Seine Geschichte als Heilkraut ist beachtlich, schon ein ägyptisches Papyrusdokument um 1500 v. Chr. belegt seine Anwendung zur Einleitung von Geburten. Auch in der ayurvedischen und chinesischen Medizin war und ist er gebräuchlich, z. B. zur Behandlung von Nierenleiden, Problemen mit der Libido, Verdauungsstörungen und Atemwegserkrankungen. Er ist außerdem ein häufig verwendetes Küchenkraut, sowohl die Blätter als auch die Samen werden in vielen Ländern verarbeitet. Besonders beliebt ist er in der indischen Küche, wo frische Bockshornkleeblätter, *methi* genannt, ein beliebtes Gemüse sind.

FAMILIE: Fabaceae
HÖHE: 60 cm
MERKMALE: Einjährige Pflanze mit in drei ovale, fein gezähnte grüne Blätter geteilten Blattspreiten und gelbweißen Blüten
STANDORT: Gut durchlässiger, fruchtbarer Boden; Sonne
VERWENDUNG: Küche, Medizin

KAPUZINER-KRESSE

TROPAEOLUM MAJUS

Die Kapuzinerkresse stammt ursprünglich aus Südamerika und wurde von den spanischen Eroberern im 16. Jahrhundert nach Europa eingeführt. Heute wird sie in vielen Ländern kultiviert. Ihr botanischer Name *Tropaeolum* leitet sich vom griechischen *tropaion* („Trophäe") ab und spielt auf die schildförmigen Blätter und helmähnlichen Blüten an. In der traditionellen Kräuterheilkunde wurde die Kapuzinerkresse zur Behandlung von Harnwegsinfektionen und Grippe genutzt. Außerdem sollte sie, als Lotion in die Kopfhaut massiert, Kahlköpfigkeit verhindern. Die pfeffrig schmeckenden Blätter, Blüten und Knospen werden roh in Salaten oder auf belegten Broten gegessen, mit den Blüten wird Essig gewürzt, und die unreifen Samen werden, Kapern ähnlich, eingelegt. Mit ihren leuchtenden, großen Blüten ist die Kapuzinerkresse nicht zuletzt eine sehr dekorative Gartenpflanze.

ANDERE NAMEN: Guck-über-den-Zaun
FAMILIE: Tropaeolaceae
HÖHE: 3 m
MERKMALE: Einjährige, kriechende oder rankende Pflanze mit runden grünen Blättern und großen orangefarbenen, roten oder gelben Blüten
STANDORT: Gut durchlässiger, feuchter, magerer bis normaler Boden; Sonne
VERWENDUNG: Küche, Medizin, Dekoration, Kosmetik

HUFLATTICH TUSSILAGO FARFARA

FAMILIE: Asteraceae
HÖHE: 30 cm
MERKMALE: Winterfeste Staude mit großen, gezähnten, herzförmigen grünen Blättern und einzeln stehenden gelben Blüten
STANDORT: Feuchter, neutraler bis alkalischer Boden; Sonne oder Halbschatten
VERWENDUNG: Medizin, Küche

Heimisch ist der Huflattich sowohl in Europa als auch in Westasien und Nordafrika, wo er wild an Heckenrändern und auf Feldern, an Böschungen und auf Brachflächen wächst. Sein botanischer Name *Tussilago* leitet sich vom lateinischen *tussis* („Husten") her und macht auf die lange Geschichte dieses Krauts als Hustenarznei aufmerksam. In der Heilkunde wurden seine Blätter, Blüten und schleimstoffhaltigen Wurzeln traditionell als Mittel gegen Husten angewendet, meist in Form von Kräutertee oder Sirup. Der römische Naturforscher Plinius empfahl, Huflattich zu verbrennen und den Rauch zur Linderung von Husten durch den Mund zu inhalieren. Auch in der traditionellen chinesischen Medizin wird der Huflattich gegen Husten eingesetzt. In der Küche wurden seine jungen Blätter und Knospen in Salaten und Suppen gegessen und zu Tee aufgegossen. Aus seinen Blüten wurde ein köstlicher Kräuterwein bereitet.

URTICA DIOICA BRENNNESSEL

Die Brennnessel ist in ganz Eurasien heimisch, sie wächst bevorzugt an Hecken sowie auf Gras- und Brachflächen. Ihr botanischer Name *Urtica* kommt vom lateinischen *urere* („brennen") und bezieht sich auf das allgemein bekannte Brennen, das die Pflanze bei Berührung hervorruft. Heute wird die Brennnessel meist als ungeliebtes Unkraut betrachtet, dabei reicht ihre Geschichte als Nutzpflanze weit zurück. Die Pflanzenheilkunde machte sich von jeher ihre zusammenziehende, antiasthmatische und harntreibende Wirkung zunutze. Gegen stumpfes Haar und Schuppen halfen Spülungen mit Brennnesseltee. Die Brennnessel ist reich an den Vitaminen A und C und an Mineralstoffen, vor allem Eisen. Deshalb wurde sie lange Zeit als Gemüsepflanze geschätzt und, vor allem zu Suppe verarbeitet oder gekocht, gegessen. Bis ins 20. Jahrhundert hinein wurden aber auch Stoffe aus den Fasern der Brennnessel hergestellt.

Andere Namen: Donnernessel, Zingel, Tissel, Hanfnessel
Familie: Urticaceae
Höhe: 1,5 m
Merkmale: Winterharte Staude mit ovalen, spitz zulaufenden, grob gesägten grünen Blättern und Blütenständen von winzigen grünen und weißen Blüten
Standort: Feuchter, nitrathaltiger Boden; Sonne oder Halbschatten
Verwendung: Medizin, Küche, Kosmetik, Stoffherstellung

BALDRIAN

VALERIANA OFFICINALIS

Die Heimat des Baldrians ist Europa, er wächst wild vor allem an Strömen und Bächen sowie an Wegrändern. Sein botanischer Name leitet sich vom lateinischen *valere* („gesund sein") ab – ein Tribut an die Heilwirkung der Pflanze. Sie kann mit einer langen Geschichte als Heilkraut aufwarten, schon im vierten Jahrhundert v. Chr. wurde sie von dem berühmten griechischen Arzt Hippokrates empfohlen. Während des Mittelalters galt der Baldrian als Allheilmittel und wurde deshalb in vielen Klostergärten gezogen. Die Baldrianwurzel wurde wegen ihrer beruhigenden, dämpfenden Wirkung von jeher als Arznei unter anderem gegen Epilepsie, Schlaflosigkeit, Hysterie und Migräne eingesetzt. Die nordamerikanischen Ureinwohner behandelten Schnittverletzungen und Wunden mit einer einheimischen Baldrianart. Getrocknete Baldrianwurzel mit ihrem unverwechselbaren, Katzen betörenden Duft legte man früher in den Wäscheschrank.

ANDERE NAMEN: Katzenkraut, Tollerjan, Hexenkraut
FAMILIE: Valerianaceae
HÖHE: 1,5 m
MERKMALE: Winterfeste Staude mit gefiederten, gezähnten Blättern und Dolden von winzigen rosafarbenen, violetten oder weißen Blüten
STANDORT: Feuchter Boden; Sonne oder Schatten
VERWENDUNG: Medizin

KÖNIGSKERZE VERBASCUM THAPSUS

ANDERE NAMEN: Fackelblume, Frauenkerze, Himmelskerze, Wollkraut
FAMILIE: Scrophulariaceae
HÖHE: 2 m
MERKMALE: Winterharte, zweijährige Pflanze mit länglichen, spitz zulaufenden, samtigen graugrünen Blättern und dichten Ähren von fünfblättrigen gelben Blüten
STANDORT: Gut durchlässiger, karger Boden; Sonne
VERWENDUNG: Medizin

Die Königskerze ist ursprünglich in Europa zu Hause, hat sich inzwischen aber auch in Nordamerika angesiedelt. Sie bevorzugt sonnige Hänge, Brachflächen und Wegränder. Ihr deutscher Name erscheint nicht nur wegen ihrer majestätischen Größe und aufrechten Haltung sehr passend, er weist auch darauf hin, dass ihre Stängel, in Pech getaucht, früher tatsächlich als Kerzen Verwendung fanden. Die bitter schmeckende, schleimstoffreiche Pflanze wirkt beruhigend und antiseptisch. Die Pflanzenheilkunde macht schon lange von ihr Gebrauch, z. B. um Atemwegsbeschwerden zu behandeln. In Salben oder Kompressen äußerlich aufgetragen, lindert sie Ohrenschmerzen, entzündliche Hauterkrankungen, Hämorrhoiden, Furunkel, Frostbeulen und Rheuma. Seit Urzeiten wurden der Königskerze aber auch magische Kräfte zugeschrieben, es hieß, sie könne böse Geister fernhalten.

VERBENA OFFICINALIS EISENKRAUT

Das Eisenkraut ist in Europa, Westasien und Nordafrika verbreitet, wo es an Wegrändern und auf Brachflächen wächst. Um das eher unauffällige Kraut rankten sich schon immer zahlreiche Mythen. Die Druiden schrieben ihm magische Kräfte zu, die Römer verwendeten es als Altarpflanze. Einer christlichen Legende zufolge soll es auf dem Kalvarienberg gewachsen sein und die Blutung der Wunden Christi bei der Kreuzigung gestillt haben. In der traditionellen Pflanzenheilkunde galt es lange Zeit als wahres Allheilmittel. Schon im 17. Jahrhundert empfahl es der englische Kräuterkundige Culpeper als Arznei z. B. gegen Gelbsucht, Wassersucht, Gicht, Husten und Leberkrankheiten. Auch heute noch wird das Eisenkraut zu medizinischen Zwecken angebaut. Im Westen wird es vor allem bei nervösen Beschwerden verabreicht, in China kuriert es Leber, Milz und Harnblase.

ANDERE NAMEN: Eisenbart, Eisenhart, Stahlkraut
FAMILIE: Verbenaceae
HÖHE: 80 cm
MERKMALE: Winterfeste Staude mit gezähnten grünen Blättern und Ähren von kleinen purpurfarbenen bis hellvioletten Blüten
STANDORT: Gut durchlässiger, feuchter Boden; Sonne
VERWENDUNG: Medizin

STIEF-MÜTTERCHEN

VIOLA TRICOLOR

Als Wildblume findet man das Stiefmütterchen in Europa und Nordamerika, wo es auf Gras- und Brachflächen wächst. Überall bekannt und beliebt ist es aber in seinen verschiedenen Kulturvarianten. Der botanische Beiname *tricolor* beschreibt die auffälligen dreifarbigen Blüten des wilden Stiefmütterchens in Violett, Weiß und Gelb. Wegen dieser Farbigkeit war die hübsche Pflanze im Mittelalter auch unter dem Namen *Trinitaria*, „Kraut der heiligen Dreifaltigkeit", bekannt. Das Stiefmütterchen wurde von jeher mit romantischen Gefühlen in Verbindung gebracht, es wurde für Liebeszauber und zur Heilung gebrochener Herzen eingesetzt. Medizinische Anwendungsgebiete sind Ekzeme, Rheuma und Husten. Es wirkt leicht harntreibend und entgiftend und regt den Stoffwechsel an. Die kleinen Blüten sehen nicht nur hübsch aus, sondern können auch im Salat gegessen werden.

ANDERE NAMEN: Muttergottesschuh, Mädchenauge, Gedenkemein, Schöngesicht
FAMILIE: Violaceae
HÖHE: 15–30 cm
MERKMALE: Winterharte, ein- bis zweijährige Staude mit ovalen grünen Blättern und violett, weiß und gelb gefärbten Blüten
STANDORT: Gut durchlässiger, feuchter, humusreicher Boden; Sonne oder Halbschatten
VERWENDUNG: Küche, Medizin, Dekoration

VEILCHEN

VIOLA ODORATA

Das Veilchen ist auf Feldern und an Hecken in ganz Europa zu Hause, wird aber auch vielerorts kultiviert. Die hübsche Pflanze wurde schon immer wegen ihres betörenden Geruchs geschätzt, von alters her verleiht sie Wein, Süßigkeiten, Kosmetika und Arzneien ihren Duft. In der griechischen Mythologie ist das Veilchen die Blume von Liebesgöttin Aphrodite und wurde deshalb zur Zubereitung von Liebestränken und für Fruchtbarkeitszauber eingesetzt. In der traditionellen Kräutermedizin wurde das Veilchen bei Kater, Migräne und Schlaflosigkeit verabreicht. Wegen ihrer beruhigenden, schleimlösenden Wirkung wurden Veilchentee oder -sirup bei Halsschmerzen, Husten und Atembeschwerden eingenommen. Früher wurde die Pflanze wegen ihres ätherischen Öls, das in der Parfüm- und Kosmetikproduktion weiterverarbeitet wurde, im großen Stil angebaut. Heute wird der Duftstoff meist synthetisch hergestellt.

ANDERE NAMEN: Märzveilchen, Heckenveilchen, Osterchen
FAMILIE: Violaceae
HÖHE: 15 cm
MERKMALE: Winterharte Staude mit herzförmigen dunkelgrünen Blättern und gespornten dunkelvioletten oder weißen Blüten
STANDORT: Gut durchlässiger, humusreicher, feuchter Boden; Sonne oder Halbschatten
VERWENDUNG: Medizin, Küche, Kosmetik, Dekoration

ANHANG

Botanischer Name	Deutscher Name	Verwendung
Achillea ageratum	Muskatkraut	Küche, Medizin, Dekoration
Achillea millefolium	Schafgarbe	Küche, Medizin, Kosmetik
Aconitum napellus	Eisenhut	Medizin
Agastache foeniculum	Duftnessel	Küche, Medizin, Dekoration
Agrimonia eupatoria	Odermennig	Küche, Medizin
Ajuga reptans	Günsel	Medizin, Dekoration
Alchemilla xanthochlora (Alchemilla vulgaris)	Frauenmantel	Medizin
Alliaria petiolata	Knoblauchsrauke	Küche, Medizin
Allium sativum	Knoblauch	Küche, Medizin
Allium schoenoprasum	Schnittlauch	Küche, Medizin
Allium tuberosum	Schnittknoblauch	Küche, Medizin
Allium ursinum	Bärlauch	Küche, Medizin
Aloe vera	Echte Aloe	Medizin, Kosmetik
Aloysia triphylla	Zitronenverbene	Küche, Medizin, Kosmetik
Althaea officinalis	Eibisch	Küche, Medizin, Kosmetik
Anethum graveolens	Dill	Küche, Medizin
Angelica archangelica	Engelwurz	Küche, Kosmetik
Anthriscus cerefolium	Kerbel	Küche, Medizin
Apium graveolens	Sellerie	Küche, Medizin
Arctium lappa	Große Klette	Küche, Medizin
Arisaema triphyllum	Feuerkolben	Küche, Medizin, Dekoration
Aristolochia clematitis	Osterluzei	Medizin
Armoracia rusticana (A. lapathifolia, Cochlearia armoracia)	Meerrettich	Küche, Medizin
Arnica montana	Arnika	Medizin
Artemisia abrotanum	Eberraute	Küche, Medizin, Dekoration, Insektenschutz
Artemisia absinthium	Wermut	Küche, Medizin
Artemisia dracunculus	Estragon	Küche, Medizin

Botanischer Name	Deutscher Name	Verwendung
Artemisia vulgaris	Beifuß	Küche, Medizin
Atropa bella-donna	Tollkirsche	Medizin, Kosmetik
Bellis perennis	Gänseblümchen	Küche, Medizin
Borago officinalis	Borretsch	Küche, Medizin
Buxus sempervirens	Buchsbaum	Medizin, Dekoration, Holz
Calamintha grandiflora	Bergminze	Medizin, Dekoration
Calendula officinalis	Ringelblume	Küche, Medizin, Kosmetik, Farbe
Cardamine pratensis	Wiesen-schaumkraut	Küche, Medizin
Carthamus tinctorius	Färberdistel	Küche, Farbe
Carum carvi	Kümmel	Küche, Medizin
Centaurium erythraea	Tausend-güldenkraut	Medizin
Chamaemelum nobile	Kamille	Küche, Medizin, Dekoration
Chenopodium bonus-henricus	Guter Heinrich	Küche, Medizin
Cichorium intybus	Wegwarte	Küche, Medizin, Farbe
Citrus hystrix	Kaffirlimette	Küche, Medizin
Claytonia perfoliata	Tellerkraut	Küche
Convallaria majalis	Maiglöckchen	Medizin, Dekoration
Coriandrum sativum	Koriander	Küche, Medizin
Cymbopogon citratus	Zitronengras	Küche, Medizin, Kosmetik, Insekten-schutz
Dianthus caryophyllus	Gartennelke	Küche, Medizin, Dekoration
Dictamnus albus	Brennender Busch	Medizin, Dekoration
Digitalis purpurea	Roter Fingerhut	Medizin, Dekoration
Drosera rotundifolia	Sonnentau	Medizin, Dekoration
Echinacea purpurea	Roter Sonnenhut	Medizin
Echium vulgare	Natternkopf	Küche, Medizin
Equisetum arvense	Acker-schachtelhalm	Medizin
Eruca vesicaria	Rauke	Küche

Botanischer Name	Deutscher Name	Verwendung
Eryngium maritimum	Stranddistel	Küche, Medizin, Dekoration
Eschscholzia californica	Schlafmützchen	Küche, Medizin
Eucalyptus globulus	Eukalyptus	Medizin, Dekoration
Eupatorium purpurea	Purpurdost	Medizin, Dekoration
Filipendula ulmaria (Spirea ulmaria)	Mädesüß	Küche, Medizin, Dekoration
Foeniculum vulgare	Fenchel	Küche, Medizin, Dekoration
Fragaria vesca	Walderdbeere	Küche, Medizin
Fumaria officinalis	Erdrauch	Medizin
Galega officinalis	Geißraute	Medizin
Galium odoratum	Waldmeister	Küche, Medizin, Insektenschutz
Galium verum	Labkraut	Küche, Medizin, Farbe
Gardenia augusta	Gardenie	Medizin, Dekoration, Farbe
Gaultheria procumbens	Wintergrün	Küche, Medizin
Gentiana lutea	Gelber Enzian	Küche, Medizin
Glycyrrhiza glabra	Süßholz	Küche, Medizin
Hamamelis virginiana	Zaubernuss	Medizin, Dekoration
Helichrysum Italicum	Italienische Strohblume	Küche, Dekoration
Helleborus niger	Christrose	Medizin, Dekoration
Humulus lupulus	Hopfen	Küche, Medizin, Dekoration
Hyoscyamus niger	Bilsenkraut	Medizin
Hypericum perforatum	Johanniskraut	Medizin
Hyssopus officinalis	Ysop	Küche, Medizin, Kosmetik
Inula helenium	Alant	Medizin, Dekoration
Iris germanica ‚Florentina'	Schwertlilie	Küche, Medizin, Kosmetik, Dekoration
Juniperus communis	Wacholder	Küche, Medizin
Lamium album	Weiße Taubnessel	Küche, Medizin

Botanischer Name	Deutscher Name	Verwendung
Laurus nobilis	Lorbeer	Küche, Medizin, Insektenschutz
Lavandula angustifolia	Lavendel	Küche, Medizin, Kosmetik, Insektenschutz
Lepidium sativum	Kresse	Küche, Medizin
Levisticum officinale	Liebstöckel	Küche, Medizin
Linum usitatissimum	Flachs	Küche, Medizin
Lonicera periclymenum	Geißblatt	Medizin, Kosmetik, Dekoration
Lythrum salicaria	Blutweiderich	Medizin
Marrubium vulgare	Andorn	Küche, Medizin
Melissa officinalis	Melisse	Küche, Medizin
Mentha pulegium	Poleiminze	Küche, Medizin, Insektenschutz
Mentha spicata	Grüne Minze	Küche, Medizin, Insektenschutz
Mentha x piperita	Pfefferminze	Küche, Medizin
Monarda didyma	Indianernessel	Küche, Medizin, Dekoration
Murraya koenigii	Currybaum	Küche, Medizin, Dekoration
Myrrhis odorata	Süßdolde	Küche, Medizin, Dekoration
Myrtus communis	Myrte	Küche, Medizin, Dekoration
Nasturtium officinale (Rorippa nasturtium-aquaticum)	Brunnenkresse	Küche, Medizin
Nepeta cataria	Katzenminze	Küche, Medizin
Ocimum basilicum	Basilikum	Küche, Medizin
Oenothera biennis	Nachtkerze	Medizin
Origanum majorana	Marjoran	Küche, Medizin
Origanum vulgare	Oregano	Küche, Medizin, Kosmetik
Papaver somniferum	Schlafmohn	Küche, Medizin
Pelargonium capitatum	Rosen-pelargonie	Medizin, Kosmetik, Dekoration
Perilla frutescens	Schwarznessel	Küche, Medizin

Botanischer Name	Deutscher Name	Verwendung
Petroselinum crispum	Petersilie	Küche, Medizin
Petroselinum crispum var. neapolitanum	Blattpetersilie	Küche, Medizin
Polygonatum odoratum	Salomonssiegel	Medizin, Dekoration
Portulaca oleracea	Portulak	Küche, Medizin
Potentilla erecta	Fingerkraut	Medizin, Farbe
Primula veris	Schlüsselblume	Küche, Medizin, Dekoration
Primula vulgaris	Kissenprimel	Küche, Medizin, Dekoration
Pulmonaria officinalis	Lungenkraut	Küche, Medizin
Pulsatilla vulgaris (Anemone pulsatilla)	Küchenschelle	Medizin, Farbe
Ricinus communis	Wunderbaum	Medizin, Kosmetik, Industrie
Rosa canina	Hundsrose	Küche, Medizin
Rosmarinus officinalis	Rosmarin	Küche, Kosmetik, Dekoration
Rubus fruticosus	Brombeere	Küche, Medizin
Rumex acetosa	Sauerampfer	Küche, Medizin
Ruta graveolens	Raute	Küche, Medizin
Salvia officinalis	Salbei	Küche, Medizin
Salvia sclarea	Muskateller-salbei	Küche, Medizin, Kosmetik
Sambucus nigra	Holunder	Küche, Medizin
Sanguisorba minor	Pimpinelle	Küche, Medizin
Santolina chamaecyparissus	Heiligenkraut	Medizin, Dekoration
Saponaria officinalis	Seifenkraut	Medizin, Reinigung
Satureja hortensis	Sommer-bohnenkraut	Küche, Medizin
Satureja montana	Winter-bohnenkraut	Küche, Dekoration
Scutellaria lateriflora	Helmkraut	Medizin
Silybum marianum	Mariendistel	Küche, Medizin
Solidago virgaurea	Goldrute	Medizin
Stachys officinalis	Ziest	Medizin

Botanischer Name	Deutscher Name	Verwendung
Stellaria media	Vogelsternmiere	Küche, Medizin
Symphytum officinale	Beinwell	Medizin
Tanacetum balsamita	Balsamkraut	Küche, Medizin, Dekoration
Tanacetum parthenium	Mutterkraut	Medizin, Dekoration
Tanacetum vulgare (Chrysanthemum vulgare)	Rainfarn	Küche, Medizin, Insektenschutz
Taraxacum officinale	Löwenzahn	Küche, Medizin
Teucrium chamaedrys	Edelgamander	Medizin
Teucrium scorodonia	Salbeigamander	Küche, Medizin
Thymus vulgaris	Thymian	Küche, Medizin
Tilia cordata	Linde	Medizin, Dekoration
Trigonella foenum-graecum	Bockshornklee	Küche, Medizin
Tropaeolum majus	Kapuzinerkresse	Küche, Medizin, Dekoration, Kosmetik
Tussilago farfara	Huflattich	Küche, Medizin
Urtica dioica	Brennnessel	Küche, Medizin, Kosmetik, Stoffherstellung
Valeriana officinalis	Baldrian	Medizin
Verbascum thapsus	Königskerze	Medizin
Verbena officinalis	Eisenkraut	Medizin
Viola odorata	Veilchen	Küche, Medizin, Kosmetik, Dekoration
Viola tricolor	Stiefmütterchen	Küche, Medizin, Dekoration

REGISTER

BILDNACHWEIS

Der Herausgeber dankt den folgenden Fotografen und Bildagenturen für die freundliche Genehmigung zum Abdruck ihrer Bilder in diesem Buch:

Harry Chambers: 1, 2, 3, 4, 12 o. & u., 13, 14 o. & u., 15, 16, 17, 18, 20, 21 o. & u., 22, 23 o. & u., 24, 25, 27, 28, 29 r. & l., 30–31, 32, 33, 36–37, 42–43, 44–45, 48–49, 50, 51, 52, 53, 54–55, 57, 60–61, 64, 65, 66, 67, 72–73, 74, 75, 76–77, 79, 83, 84, 85, 90–91, 94–95, 112–13, 124, 126–27, 130–31, 133, 134, 135, 140, 141, 142–43, 145, 150, 151, 152–53, 154, 155, 162, 163, 166–67, 168–69, 170, 171, 172–73, 175, 176–77, 178–79, 180–81, 183, 188, 191, 192–93, 194–95, 197, 198–99, 200–01, 202–03, 204, 206–07, 208, 209, 210, 212–13, 217, 218, 219, 220–21, 222–23, 225, 226–27, 228–29, 239, 240–41, 244–45.

Oxford Scientific Films:

Pernilla Bergdahl 238; Bill Boch 138–39; Botanica 86–87; Rex Butcher 82; Brian Carter 108–09; David Cavagnaro 88, 89; Jennifer Cheung 104–05; Gulin Darrell 102; Richard Day 110; Paulo De Oliveira 196; Professor Jack Dermid 114–15; Dinodia Photo 160–61; Ron Evans 232–33; David Fox 59, 132; Rosalie Frost 125; Christopher Gallagher 97; Bob Gibbons 92–93, 96, 68–69; John Glover 35; Mark Hamblin 186–87; Sunniva Harte 41, 189, 224; Donald Higgs 214; IFA-Bilderteam GmbH 70–71, 98, 234; Kelly Kalhoefer 190; Ward Kennan 106–07; Geoff Kidd/OSF 10, 116; Tom Leach 123; Gordon Maclean 40, 47, 117, 136–37; P L Martin 111; Colin Milkins 78; Steven Needham Mark 99; John Neubauer 158–59; Richard Packwood 235; Photolibrary Group 164–65; Howard Rice 128–29, 148–49, 242–43; Pomerantz Rich 26; Janet Seaton 146–47; Tim Shepherd 230; J. S. Sira 46, 182; Mike Slater 100–01, 119; Perry D. Slocum 58; TH FOTO 62–63, 231; TH Poto Werbung 144; Juliette Wade 211, 216; Eberhart Wally 156, 174, 236–37; Rachel Weill 56, 205; W. Wisniewski 34; Kit Young 103.

Corbis 19, 38–39, 80–81, 118, 120–121, 122, 184.

Coverfotos von Harry Chambers.

Der Herausgeber dankt außerdem den Mitarbeitern des *National Herb Centre* in Warmington, GB, für ihre Unterstützung und ihren Rat bei der Entstehung dieses Buchs.